oui. — Et je voyage avec toute sa famille : un neveu de la branche d'Irlande, sir Georges Wilder...

DANIEL, *vivement*. Et sa nièce, miss Lucy !.. la plus aimable, la plus charmante...

PANOTER. Comme vous dites ça, mon lieutenant !..

DANIEL. Moi !...

PANOTER. Est-ce que ? Hein ?... Y aurait pas d'affront ! — La nièce d'un milord !

DANIEL. Et le fils d'un sergent, d'un ouvrier...

PANOTER. Qu'é que ça fait !

MARCEL, *à part*. On voit bien des princes épouser des danseuses...

DANIEL. Est-ce que les riches héritières de l'aristocratie anglaise vont chercher leurs maris parmi les officiers de l'armée française, qui n'ont d'autre héritage qu'un nom honorable, sans doute... mais obscur, et d'autre fortune que leur épée!.. Bien malheureux, va... celui qui dès la première instant ne se serait pas dit tout cela et aurait laissé aller son cœur à ce charme... suivi d'un si funeste et si fatal réveil !..

PANOTER. Ah ! j'savais pas... (*à part*) Il l'aime !... (*Daniel remonte au fond, passant les mains sur son front. Panotet le suit.*)

LE LIEUTENANT, *de l'aviso, entrant et traversant de droite à gauche*. Messieurs, le canot des dépêches...

MARCEL, *à lui-même, regardant Daniel*. C'est un antique, ce lieutenant d'infanterie de marine !.. Il sont le moisi ! — Est-ce qu'ils sont tous comme ça, à Belleville ?...

SCÈNE IV

LES MÊMES, WILDER, puis LE COMMANDANT DE L'AVISO, LE LIEUTENANT, MATELOTS, PASSAGERS, PASSAGÈRES.

WILDER, *sortant de la cabine, une lettre à la main*. Je la tiens !.. La voici ! Oh ! que va-t-elle m'apprendre !.. (*Il reste les yeux fixés sur l'enveloppe.*)

MARCEL, *le regardant du coin de l'œil*. Ah ! c'est ce que nous attendions !. Regarde-t-il, cette enveloppe ! (*Wilder déchire fiévreusement l'enveloppe.*) Crac, en avant. Lisez, monseigneur !... Est-ce drôle qu'on se fasse une bile pareille pour décacheter une lettre... Ça qu'elle, les trois quarts du temps, ce qu'on a dépensé de mauvais sang à l'attendre !

WILDER, *relisant*. Vous aviez bien raison de vous alarmer, sir Georges... L'intendant de lord Francis Warney, votre oncle, paraît avoir réussi dans sa mission. Il s'agissait, m'avez-vous dit, d'une famille dont milord voulait connaître le sort. Maxwell a parcouru toute la banlieue de Paris. C'est à Belleville, dans la rue Bisval, que ses recherches paraissent avoir été couronnées de succès... Il est resté possesseur de son secret. Tout ce qu'il nous a été possible de découvrir, c'est qu'il est question d'une grand-mère et de deux fils soldats. Les indices sont bien vagues, mais il vous feront au moins connaître à quel point vos soupçons étaient fondés. Et, si, comme vous semblez le craindre, votre héritage est en péril, vous ne négligerez rien pour le sauvegarder. (*Froissant la lettre*.) La sauvegarder !... Et comment ?

MARCEL, *à part*. Là, qu'est-ce que je disais ?...

WILDER. À quoi me sert-elle, cette lettre ?... Que m'a-t-elle de plus que ce que je savais déjà ?... De vagues indices... Les soirs !... Ils n'ont rien au découvrir... Ce sont mes notes précédentes... (*Il tire un portefeuille de sa poche*.)

MARCEL. Oh ! oh ! respectable embonpoint, monsieur le portefeuille... vous êtes truffé de banknotes, milord de maroquin.

WILDER, *feuilletant ses notes*. Non !... non !... tout ce qu'ils me disent, je le savais...

plus même... un nom de femme... Jeanne !.. et puis... c'est tout !... (*Quelques passagers viennent former de nouveaux groupes*.)

MARCEL, *regardant toujours le portefeuille*. Quelle bonne petite fonction. On aimerait faire de cette caisse portative !

DANIEL, *allant au commandant qui entre, suivi de tout l'équipage*. Ah ! salut, monsieur le commandant. (*Wilder serre son portefeuille dans la poche de sa jaquette*.)

LE COMMANDANT. Salut, messieurs.

DANIEL. Nous n'avons donc plus que quelques heures de patience ?

LE COMMANDANT. Parlez-vous de la quarantaine, lieutenant ?

DANIEL. Sans doute : ne finit-elle pas ce soir ?

LE COMMANDANT. Vous dites vrai. Mais je vois l'échas quelque chose qui pourrait la prolonger un peu. (*Il remonte au fond et désigne de son doigt l'horizon à droite. Les passagers se groupent autour de lui.*)

DANIEL, *prenant la lorgnette que renferme l'écrin qui pend à son côté et lorgnant*. Et quoi donc, commandant ?

LE COMMANDANT. Ceci.

DANIEL. Pardonnez mon ignorance, mais je ne vois rien.

WILDER. Pas plus que moi...

UNE PASSAGÈRE. Ni moi...

LES PASSAGERS. Ni moi !...

MARCEL, *à part*. On se fout !... L'occasion est peut-être là ! (*Il remonte*.)

LE COMMANDANT. Suivez bien la direction de mon doigt ; à l'ouest, ce point noir.

WILDER. Cette tête d'épingle !..

LE COMMANDANT. Que vous pouvez dédaigner en ce moment, sir Georges, mais qui, dans deux heures peut-être, nous aura enveloppés dans le plus effroyable grain.

DANIEL. Une tempête !

LE COMMANDANT. Ou peu s'en faudra.

PANOTER. Oh ! bon Dieu !.. encore !.. J'en ai mat d'avance !... (*Il tombe sur la pile de caisses*.)

MARCEL. Ah ! bah ! cette tête d'épingle, comme dit monsieur le baronnet... (*Il s'approche de Wilder*.) Ah ! ce n'est pas possible... à peine si on la voit... (*En se haussant sur la pointe du pied pour regarder au loin, il feint de trébucher et tombe sur Wilder qui le repousse.*)

WILDER. Hé !.. faites donc attention !..

MARCEL. Oh ! pardon, Votre Honneur !.. je suis un maladroit. (*A part, descendant et montrant le portefeuille qu'il vient d'enlever à Wilder*.) Pas si maladroit... Nous allons voir ce que la dinde a dans l'estomac. (*Il disparaît dans l'entrepont.*)

SCÈNE V

WILDER, LE COMMANDANT, DANIEL, PANOTET, PASSAGERS, MATELOTS, MISS LUCY, MISS KATT.

Miss Katt est une Anglaise, longue, maigre, habillée comme un bureau de parapluie : un chapeau de paille et un voile vert. Elle tient au livre à la main. Elle marche raide et sèche.

LUCY, *sortant de la cabine*. Ah ! monsieur le commandant, c'est vous que je cherche.

DANIEL, *à part, apercevant Lucy*. Elle !...

LE COMMANDANT. Moi, miss Lucy ?

DANIEL. Sir Wilder auprès d'elle !...

LUCY. Vous avez remis à Maxwell une lettre de Kelung, n'est-ce pas ?

DANIEL, *à part*. Sous quel prétexte l'aborder.

LUCY. Répondez, de grâce !..

LE COMMANDANT. Oui, miss...

LUCY. De mon oncle, de lord Francis Warney ?

DANIEL, *à part, frappé d'une idée*. Ah ! (*Il sort.*)

LE COMMANDANT. Mais... pardonnez miss... si le secret m'a été recommandé... (*Les passagers et les matelots sortent de différents côtés.*)

LUCY. Vis-à-vis de moi ?... C'est impossible...

KATT. Ce l'étais impossible !...

WILDER. Pourquoi non, ma cousine ? Est-ce que vous ne savez pas que monsieur Maxwell possède, seul, la confiance de notre oncle ?... Et ce mystère qui existe entre eux.... vous croyez-vous plus que moi le droit de le pénétrer ?...

LUCY. Oh ! les secrets de mon oncle... je ne cherche pas à les connaître... Mes craintes ont une autre cause.

LE COMMANDANT. Vos craintes !

LUCY. Lord Warney est malade. La lettre que vous avez remise à Maxwell m'épouvante. J'ai lu l'inquiétude dans ses regards, la mienne s'en est accrue !... Qui sait si je n'arriverai pas trop tard !...

Panotet et les derniers passagers qui se trouvaient encore sur le pont s'éloignent.

KATT. Aoh ! yes !

LE COMMANDANT. Trop tard !... non... je vous jure, miss...

LUCY. Mon Dieu ! je pourrais faire taire toutes mes angoisses, si l'espoir me restait de voir mon oncle, ce soir même ; mais on dit que vos ordres...

LE COMMANDANT. C'est à la sûreté de mes passagers, miss, que je songe, en reculant jusqu'à demain l'heure du débarquement. (*Le lieutenant, venant de la gauche, s'approche de lui et semble lui dire qu'on le demande. Il salue miss Lucy et sort.*)

SCÈNE VI

WILDER, LUCY, KATT

LUCY. Ainsi, c'est une nuit, toute une nuit, qu'il faut attendre !..

KATT. Vos lisez la Bible, miss Lucy ; ce l'étais la parole du Seigneur.

LUCY. Ah ! laissez-moi, miss Katt !... (*Katt s'assied sur un pliant, ouvre sa Bible et lit.*)

WILDER, *s'approchant de Lucy*. Sur l'honneur, miss Lucy, je ne m'attendais pas à vous voir si impatiente de quitter le bord.

LUCY. Que voulez-vous dire, sir Georges ?

WILDER. Votre cavalier servant pourrait, s'il vous entendait...

LUCY. Parleriez-vous, par hasard, sur ce ton dédaigneux... de ce jeune Français... de monsieur Daniel ?

WILDER. Et de quel autre ?

LUCY. J'ai été fort heureuse de le rencontrer.

WILDER. Fort heureuse ?...

LUCY. Oh ! tenez, sir Georges... expliquons-nous une bonne fois... Jamais plus belle occasion ne se sera offerte. Quand vous m'aurez entendue... vous ne prétendrez plus une jalousie qui ne peut être qu'une injure, du moment où elle n'aurait plus l'affection pour excuse...

WILDER. Mais... je...

LUCY. Vous ne m'aimez pas !... (*Mouvement de Wilder.*) Ne cherchez pas à m'assurer du contraire.... je vous en préne peine inutile. Est-ce que depuis notre enfance, je n'ai pas appris à vous connaître... Tant que mon cousin, sir Edmund Warney, a vécu, l'héritage de mon oncle, son père, n'éveillait en vous aucune pensée d'ambition ; j'ai été pour vous la petite fille insignifiante, à laquelle, du fond d'Irlande, où vous étiez, vous permettiez de vivre de l'immense fortune dont elle ne devait jamais avoir sa part...

WILDER. Lucy...

LUCY. Laissez-moi achever... Mais quand

un duel fatal eut ravi sir Edmund à la tendresse de son père, mon importance s'est accrue à vos yeux... Je devenais une riche héritière... et un calcul, tout naturel, vous a montré dans notre mariage la réunion des deux branches de la famille... et des deux moitiés de cet héritage que la mort d'Edmund partageait entre nous.

WILDER. Ah! c'est à un calcul que vous attribuez...

LUCY. Votre soudaine affection? — Oui. Mais, prenez-y garde, Georges, vous manquez peut-être le but, en croyant l'atteindre?

WILDER. Lucy...

LUCY. Cet héritage, ni vous, ni moi, n'avons le droit d'y prétendre. — Si vous l'ignorez, sachez-le; et sans vous occuper de l'emploi que mon oncle lui réserve, faites comme moi: — J'y renonce sans regret, l'ayant toujours regardé sans envie... (*Elle va s'asseoir près de miss Katt, à gauche.*)

WILDER, à part. Oh! non! cet emploi, je ne l'ignore pas!... Et c'est bien là ce que Maxwell est allé accomplir en France!... — Mais je ne renonce pas à l'héritage, moi!... Et s'il arrive auprès de lord Warney... c'est que j'aurai vainement tenté de l'empêcher.

KATT, *lisant la Bible*. Et l'Éternel lui avait dit: Tu ne convoiteras point la maison de ton prochain de toi, ni le f.mme, ni le s.rviteur, ni le servante, ni le bœuf, ni le âne... aucune petite grande chose qui soit au prochain de toi... Ah! ho!...

SCÈNE VII
LUCY, KATT, WILDER, DANIEL

DANIEL, *entrant de droite, un livre à la main*. Miss Lucy.

LUCY. Monsieur Daniel.

WILDER *à part*. Ah! ah! (*Il remonte au fond.*)

KATT. Aoh!... (*Elle lit.*)

DANIEL. Avant de prendre congé de vous, mademoiselle, permettez-moi de vous rendre ce livre que vous avez eu la bonté de me prêter. (*Il lui présente le livre.*)

LUCY, *tendant la main pour le prendre*. Donnez, monsieur...

WILDER, *se plaçant entre eux et prenant le volume*. Pardon!... (*Lisant le titre.*) Quentin Durward... Ah! oui, sans doute... de circonstance.

DANIEL. Vous dites, monsieur?...

LUCY. Donnez-moi le livre, Georges.

WILDER. Un heureux choix... L'archer Écossais... l'officier de fortune... la riche comtesse Isabelle...

LUCY. Georges!...

WILDER. Imagination de romancier... (*Il donne le livre à Lucy*) dangereux pour les esprits romanesques! Ces dénoûments-là ne se voient que dans les livres; la réalité est bien autre chose.

DANIEL. Les dénoûments tristes et fâcheux, monsieur, nous avons à les subir nous-mêmes, mais ils ne permettent à personne de les leur imposer.

WILDER. A personne, soit... C'est sagement pensé... Bientôt nous nous séparerons... Qui sait si nous nous retrouverons jamais?... Vous avez eu plein de délicates attentions pour ma cousine, pendant la traversée; laissez-moi vous en témoigner toute ma reconnaissance.

DANIEL. Monsieur...

LUCY. Et croyez-vous, sir Georges, que je n'en aie pas aussi tout le prix et que j'aie besoin d'un interprète. (*A Daniel.*) Je tiens à vous remercier moi-même, monsieur...

DANIEL. Ah! mademoiselle!...

LUCY. Qui sait si nous nous retrouverons jamais sur mon cousin; je crois que lord Warney, mon oncle, se plairait à joindre ses remerciements aux nôtres... et qu'il serait bien à vous, une fois débarqué à Kelung, de lui en donner l'occasion.

WILDER, *à part*. Ah! ça, mais!... c'est un rendez-vous qu'elle lui donne?...

LUCY. Sir Georges?...

WILDER. Miss Lucy?...

LUCY. Je rentre dans la chambre... Si le commandant changeait d'avis et que le débarquement eût lieu ce soir... je compte sur vous pour me prévenir. (*Saluant Daniel.*) Monsieur...

DANIEL. Mademoiselle...

LUCY, *à Katt*. Venez, Katt...

KATT. Aoh! Yes!...

WILDER, *tendant la main à Lucy*. Ma cousine... (*Lucy refuse sa main, passe devant lui, et, après avoir jeté un regard à Daniel, sort avec Katt.*)

SCÈNE VIII
DANIEL, WILDER

WILDER, *à Daniel*. Il y a un côté des mœurs anglaises que vous ne connaissez pas sans doute, lieutenant... et dont il est bon que vous soyez instruit. Nos jeunes miss ont liberté entière... et si quelque ignorant de nos habitudes se laissait aller à des espoirs trompeurs... nous avons pour coutume de couper court aussi à des rêves insensés... et de sauvegarder les réputations que l'on voudrait atteindre...

DANIEL, *froidement*, à qui s'adresse votre leçon, monsieur?... A moi?... je n'en ai que faire!... A miss Lucy?... vos craintes sont une insulte!...

WILDER. Monsieur!...

DANIEL. Oh! ce n'est ici le lieu... ni le moment de continuer un entretien qui débute de la sorte... Mais nous nous reverrons... et vous me trouverez toujours prêt à vous répondre, sir Georges... de telle façon qu'il vous plaise de m'interroger. (*Il salue et sort. Wilder le suit du regard.*)

SCÈNE IX
WILDER seul, puis MARCEL.

WILDER. Ah! tu te crois bien fort, sans doute avec l'amour de miss Warney... — Mais je saurai bien me trouver entre elle et toi... toutes les fois qu'il le faudra!...

MARCEL, *paraissant le portefeuille à la main*. Pas la moindre banknote... (*Il remet le portefeuille dans sa poche.* — *Apercevant Wilder.*) Ah! il est seul!... bien! Je crois que c'est le moment de profiter de ce que j'ai lu!... (*S'approchant.*) Un instant d'entretien à Votre Honneur, si votre Votre Honneur veut bien y consentir.

WILDER, *le regardant par-dessus l'épaule*. Hein?

MARCEL. Oh! c'est juste!... Je ne vous ai pas été présenté... Marcel Gervais... Sir Georges Wilder... la présentation est faite... le cant britannique est à couvert... Nous pouvons causer.

WILDER, *remontant*. Ah ça mais!...

MARCEL. Le bonhomme Maxwell vous tracasse!... (*Wilder à ce nom s'arrête.*) Il arrive de France... Vous savez qu'il y a été envoyé... Vous n'ignorez pas quelles recherches ont été couronnées de succès, et vous vous demandez, sans pouvoir vous répondre, comment vous empêcherez ce vieil entêté d'aller dire à votre oncle lord Warney: Milord, j'ai réussi.

WILDER, *à part*. Comment sait-il?...

MARCEL. Donc, votre héritage est ébréché. La ruine entrera par la brèche... Et ce n'est pas tout à fait là ce que vous aviez rêvé.

WILDER. Pas un mot de plus!... Qui t'a appris?

MARCEL. Vous me tutoyez... Très bien!... Vous m'acceptez pour confident. Allons-y... Permettez-moi d'abord de vous adresser un petit reproche.

WILDER. Ah!...

MARCEL. Vous avez la manie de l'écriture. Ça y est!... (*A ce moment, le commandant*

vous écrivez bien, c'est vrai; mais, enfin, vous écrivez trop. Des notes, ça peut se perdre.

WILDER. Des notes!... les miennes!... elles sont là. (*Il ça pour mettre sa main sur la poche de son portefeuille.*)

MARCEL, *lui arrêtant le bras*. Non, pardon, ici... (*Montrant le portefeuille.*) A preuve!

WILDER. Mon portefeuille!

MARCEL. Je l'ai ramassé.

WILDER. Dans ma poche!...

MARCEL. Non, vraiment... au vol... Il allait tomber! (*Il va pour le rendre.*) Tel quel... après avoir lu toutefois: comme je vous le disais, et c'est heureux pour vous... allez...

WILDER. Explique-toi...

MARCEL. Un instant... J'ai besoin de cinq cents francs.

WILDER. Cinq cents francs!

MARCEL. Parole d'honneur! J'ai une pacotille mal composée.. tout me reste, et j'ai peur que les Chinois n'aiment pas le savon au miel... Mais le marchand sera peut-être de meilleure défaite que la marchandise.

WILDER. Encore faut-il à t'assurer que ton bavardage ne s'appuie pas sur ce que tu as lu et que tu sais autre chose que ce que je sais moi-même?

MARCEL. Alors, passons notre examen. Le bonhomme Maxwell vous arrive avec un écornifleuse d'héritage; il l'a trouvé chez une certaine bonne vieille... à Belleville, rue Réboval.

WILDER. Mais tout ceci est dans les notes, mon pauvre garçon?

MARCEL. Excepté le nom de la vieille grand'mère...

WILDER. Le nom!... le nom... tu le sais?

MARCEL. Puisque je vous ai dit que j'avais besoin de cinq cents francs... Ça les vaut bien, n'est-ce pas?...

WILDER, *lui donnant une banknote*. Prends... (*Marcel la prend et la regarde. Wilder fait un mouvement d'impatience.*) Tu as payé, parle.

MARCEL, *mettant la bank-note dans la poche de son gilet*. Mme Berthier...

WILDER. Berthier! oui... Oh! Jeanne Berthier! C'est ce nom que lord Warney murmurait...

MARCEL. Jeanne... la mère de l'héritier qui vous chiffonne...

WILDER. Une vieille femme seule... facile à intimider... Ah! que ne suis-je auprès d'elle!... Je la forcerais bien à me dire...

MARCEL. Quoi?... le nom du petit monsieur? Car enfin il porte le nom de son père... putatif.

WILDER. Elle me le dira!...

MARCEL. Pas besoin d'elle!

WILDER. Combien pour le nom?

MARCEL. Question profonde et intelligente! Combien? Le mot de toute chose en ce monde...

WILDER. Ce nom? ce nom?

MARCEL, *frappant sur sa poche*. Elle s'ennuie, là-dedans... Une petite camarade et le nom est à vous.

WILDER, *lui donnant une autre bank-note*. Tiens.

MARCEL, *avec joie*. Hourrah! pour la verte Irlande!

WILDER. Où dois-je trouver le fils de Jeanne Berthier?

MARCEL. Ici...

WILDER. La lettre ne dit-elle pas deux soldats...

WILDER. Daniel Richard!

MARCEL. Lieutenant d'infanterie de marine. Ça y est!... (*A ce moment, le commandant*

V. TRÉHOLLE, Éditeur,
1, RUE PERDONNET, 1, PARIS.

Prix : 50 Centimes

DÉPÔT CHEZ BARBRÉ,
12, BOULEVARD SAINT-MARTIN.

GAVROCHE

Drame en Cinq Actes et Sept Tableaux
PAR
MM. Jules DORNAY et LANGE

MUSIQUE NOUVELLE DE M. GEORGES ROSE. — DÉCORS DE M. FROMONT
Représenté pour la première fois, à Paris, sur le théâtre du Château-d'Eau, le 3 Février 1888.
S'adresser pour la mise en scène et la location des costumes, à M. BESSAC, au Théâtre du Château-d'Eau.

DISTRIBUTION DE LA PIÈCE

Claude Richard, dit Gavroche........... MM. BRUNET.	Ernley, quartier-maître sur l'aviso l'Éclair....... MM. DÉSIRÉ.	Mme Berthier........ Mmes LAURENTY.
Daniel Richard........ PETIT.	Sangsby, matelot anglais.. BLAESS.	Denise, dite La Mascotte. A. MOREAU.
Marcel Gervais....... E. BESSAC.	Un matelot anglais...... FRERY.	Miss Lucy Warney...... G. GAUTIER.
Sir Georges Wilder..... MEILLET.	Le lieutenant de l'aviso l'Éclair........... DAMERIE.	Miss Kat............ PRESTREAU.
Lord Francis Warney... DALMY.	Un commandant d'infanterie de marine...... DEGEORGE.	Une domestique........ BRUNET.
Le commandant de l'aviso anglais, l'Éclair...... DEGEORGE.	Un capitaine adjudant-major d'infanterie de marine........... PERTUIS.	Une marchande........ J. PAOLA.
Panotet............. DERVET.	Un lieutenant d'infanterie de marine........ LENFANT.	Une cantinière........ GABRIELLE.
Maxwell............ LIVRY.	Un sous-lieutenant d'infanterie de marine..... NICOUX.	Un fourrier........ MM. RENÉ.
La Réserve, matelot français........... GATINAIS.	Un sergent-major vague-mestre........... CHARLES.	Un soldat d'infanterie de marine........... HARDOUIN.
Vent-en-Panne, matelot français........... AIMÉ.	Un adjudant........... LOUIS.	Un lieutenant de vaisseau français........... MIRET.
Va-de-Travers, soldat d'infanterie de marine.. WATTECANT.		Une sentinelle...... Maria. DUVAL.
Monte-à-laques, soldat d'infanterie de marine.. EDWARD.		Un garçon de café..... BRIDOUX.
		1er marchand......... DANIEL.
		2e marchand......... HARDY.
		3e marchand......... ANTIER.
		4e marchand......... PROSPER.

Officiers de marine, Officiers d'infanterie de marine, Soldats, Matelots, Passagers, Marchands, Marchandes, Domestiques, Couturières, Passants, Invités.

La scène se passe, aux trois premiers tableaux, en Chine, en 1885 ; les autres tableaux, à Paris, six mois après.

Premier tableau	Troisième tableau	Cinquième tableau
L'AVISO L'ÉCLAIR	AUX ARRÊTS	LA MONTRE DE SIR GEORGES
Deuxième tableau	Quatrième tableau	Sixième tableau
NOS SOLDATS	LA SAINTE LUCIE	LA RUE DE LA LUNE

Septième tableau. — LE VOLEUR DE KELUNG

PREMIER TABLEAU
L'Aviso l'Éclair

Le pont de l'aviso, vue prise de l'avant. Au fond, les escaliers de bâbord et de tribord conduisant à la passerelle du timonier, surplombant les cabines. Au deuxième plan, au milieu du théâtre la descente couverte des passagers de 1re et 2e classes, le troisième plan le grand mât, avec ses vergues, ses cordages et ses voiles ployées. A droite, au premier plan, un sabord mobile percé dans le bordage de bâbord et s'ouvrant sur la plate-forme de l'échelle d'accoste. Trois marches conduisent à cette plate-forme. Agrès, câbles, poulies, ballots. Au fond, Kélung dans la brume.

SCÈNE PREMIÈRE
ERNLEY, SANGSBY, UN MATELOT, MATELOTS, puis **MARCEL GERVAIS.**

Au lever du rideau, Sangsby et le matelot sont occupés à réparer l'échelle d'accoste. Les autres matelots forment divers groupes; les uns travaillent, les autres causent.

ERNLEY, sortant de l'entrepont. Eh bien, les enfants, avançons-nous?

LE MATELOT. Oui, maître; mais voilà Sangsby qui prétend que ce n'est pas solide.

ERNLEY. Pas solide?

SANGSBY, désignant le haut de l'échelle. Tenez, master Ernley, si on vissait là un étrier bien amarré...

ERNLEY, examinant en passant au milieu d'eux. Il a tout de même raison, le Gallois. Ce damné transport qui nous a accosté nous a flanqué là une rude torgnole, et en pleine rade!...

LE MATELOT. Écoutez donc, les coups de vent n'y vont pas de main morte dans les mers de la Chine. Quelle bousculade! Heureusement que la quarantaine n'est pas finie.

SANGSBY. Elle sera finie ce soir.

ERNLEY. Pas du tout, le commandant de l'aviso ayant déclaré qu'on ne débarquerait que demain matin.

SANGSBY. Alors, nous avons toute la nuit pour bâcler notre besogne. (Ernley examine l'échelle, Marcel Gervais sort de l'entre-pont une grande boîte à la main.)

MARCEL. Ah! ah! ils rabibochent l'escalier. Je me demandais aussi comment nous ferions pour déménager. (Il remonte au fond.)

ERNLEY. Nous allons faire confectionner un joli petit étrier qui contentera Sangsby et laissera descendre nos voyageurs sans qu'ils risquent la cabriole!... Ça ne sera ni long ni difficile. Arrive, mon gars. (Ernley, Sangsby et quelques matelots sortent.)

SCÈNE II.
MARCEL, LE MATELOT, MATELOTS, puis successivement **WILDER, MAXWELL, DANIEL, RICHARD et PANOTET.**

MARCEL, secouant l'échelle. Hé! hé! Le fait est que ça a branlé un peu trop!... Est-ce tourné ces vis-là!... Avec un tire-d'ent on pourrait les défaire!... Merci, je ne descendrai pas le premier!... (Il descend à droite et vient s'asseoir sur les ballots du premier plan.)

WILDER, entrant du fond et regardant sa montre. Il me semble que ces aiguilles marchent avec une rapidité incalculable.

MARCEL, l'apercevant. Ah! sir Carotte!... Il regarde toujours l'heure qu'il est, celui-là... Il est de fait que son horloge est un joli morceau... Ça ferait bien dans mon goussel...

WILDER, au matelot. Le commandant est dans sa chambre?

LE MATELOT. Oui, Votre Honneur. (Quelques

passagers, officiers et bourgeois paraissent sur le pont.)

WILDER. A-t-il reçu ses dépêches? (Marcel entre du fond et se mêle aux passagers.)

LE MATELOT. Je n'en sais rien. Votre Honneur.

WILDER. Ah! merci. (A Marcel qu'il aperçoit.) Bonjour, Maxwel.

MAXWELL. Votre humble serviteur, monsieur le baronnet. (Il s'incline et remonte au fond.)

WILDER, descendant à droite. Ce valet!... toujours aussi rétif... Toujours la même discrétion!... Je ne puis rien savoir de lui. Ceux qu'il allait chercher en France les a-t-il découverts? Et si cette lettre que j'attends ne se trouve pas parmi les dépêches du commandant de l'Éclair, s'il ne m'apprend pas ce que Maxwel refuse de me dire!... Demain il sera à Kélung, près de mon oncle.

MARCEL, qui suit Wilder du regard. Il y a quelque chose qui chiffonne Sa Seigneurie.

WILDER. Il parlera alors... et lord Francis Warney saura tout ce que j'aurais tant d'intérêt à lui voir toujours ignoré... (Il frappe du pied avec un mouvement d'impatience.)

MARCEL. Heureusement que le pont est solide!...

WILDER, regardant toujours Maxwell. Ah! à travers la glace du masque impénétrable de ce valet, il me semble entrevoir une joie secrète et la ruine de toutes mes espérances. (Il se lève et remonte vers la droite. Marcel a suivi ses mouvements et s'est levé à son tour.)

MARCEL, s'approchant de Wilder. Votre Honneur a-t-il besoin de quelque chose?... peigne à moustache, savon au miel, poudre de riz? Est-ce enfin aujourd'hui que j'aurai l'avantage?... (Wilder l'écarte de la main gauche avec un geste d'impatience et s'éloigne par la gauche.)

WILDER. Ah!...

MARCEL, le contrefaisant. Ah!... Est-ce fier, ces Irlandais!... Et cependant j'ai de la sympathie pour celui-ci!... (Il prend sa boîte qu'il a déposée sur un ballot de marchandises en s'adressant aux matelots.) Eh bien, voyons, les enfants, nous allons bientôt nous séparer... Vous ne me laisserez pas débarquer au Tonkin, sans avoir étrenné ma cotille? (A lui-même.) C'est que ç'a est, nom d'un petit bonhomme!... J'y suis de ma traversée... Je n'ai pas fait mes frais... (Il s'assied au fond, près du bord, à droite, sur une pile de cordages et ouvre sa boîte. Quelques matelots l'entourent.) Allons, allons, examinez-moi ça!...

MAXWELL, à Daniel Richard qui entre du fond et du cabinet. Eh bonsoir, monsieur le lieutenant...

DANIEL. Bonsoir, cher monsieur Maxwel.

MAXWELL. Demain. Nous allons donc descendre à terre.

DANIEL. Demain, oui, monsieur, demain. (A part.) A partir de demain, je ne la verrai plus!...

MAXWELL. Votre bataillon est à Kélung m'avez-vous dit...

DANIEL. Ou dans les environs, sur la route de Tamsui. Mais c'est à Kélung, au quartier général de l'amiral qui commande notre escadre, que je dois prendre des ordres.

MAXWELL. Je regretterais que vous ne restiez pas à Kélung, monsieur Richard.

DANIEL. Pourquoi?

MAXWELL. Vous auriez pu y rencontrer lord Francis Warney.

DANIEL. L'oncle de miss Lucy?... Est-il donc à Kélung?

MAXWELL. Oui, lieutenant. Capitaine commandant la frégate anglaise la Vigilante, chargée de surveiller près de Formose les intérêts de nos nationaux pendant la guerre que la France a engagée avec la Chine. — Il tomba tout à coup grièvement malade... et

fut obligé de le d'barquer à Kélung... où il se trouve encore et où nous allons le rejoindre... Je suis sûr que mon maître aura été enchanté de vous connaître...

DANIEL. Enchanté?...

MAXWELL. Oui, oui! Et miss Lucy, la nièce de milord...

DANIEL, avec émotion. Miss Lucy!...

MAXWELL, appuyant. Oui, miss Lucy ne démentirait pas la bonne opinion que donnera de vous à mon maître. (Les passagers disparaissent.)

DANIEL. Miss Lucy est d'une indulgence si aimable!...

MAXWELL, avec une intention marquée. Et votre conversation lui plaît beaucoup... Oh! vous connaîtrez un lord Warney, monsieur Daniel. Je le gagerais presque...

DANIEL. J'en serai fort honoré, monsieur Maxwel.

MAXWELL. Et lui bien heureux. (A part.) Oh! oui... bien heureux... (Il remonte vers la gauche.)

DANIEL. Il est fort obligeant, ce monsieur Maxwel; mais, si je l'en croyais, je laisserais aller mon cœur à des chimères... bien douces... mais bien cruelles, aussi... (Il remonte à droite.)

MAXWELL, à Panotet qui monte de l'escalier de la chambre. Ah!... mon pauvre ami... vous voilà donc enfin au grand air!...

PANOTET, pâle et chancelant. Pas bien fort encore... allez, monsieur Maxwel... Oh! la mer!... ça tourne!... ça tourne!...

MAXWELL. Soyez tranquille... Demain, quand vous serez à terre!... quand je vous aurai installé auprès de milord... vous aurez le cœur ferme...

PANOTET. Je ne demande pas mieux... car aujourd'hui, j'ai peur à tout instant qu'il ne s'en aille... Ah! ah!... (Maxwell descend dans la cabine. Panotet, en saluant, heurte en se retournant Daniel qui redescend du fond. Marcel entre en scène.)

SCÈNE III

DANIEL, PANOTET, MARCEL, MATELOTS, PASSAGERS, puis LE LIEUTENANT DE L'AVISO.

PANOTET, à Daniel. Oh! pardon, monsieur... (Il se détourne vivement.)

DANIEL. Il n'y a pas de mal. (Le retenant et le dévisageant.) Hé! Voyons, voyons!... Je ne me trompe pas!...

PANOTET, à part. Il me reconnaît... Moi qui n'aurais pas voulu...

MARCEL, voyant Panotet. Le petit de l'entrepont!... Il n'a donc plus peur de compter ses chemises!

DANIEL. Mais, oui... Vous êtes... tu t'appelles Panotet?

PANOTET. Oui, monsieur Richard...

DANIEL. Monsieur!... Alors tu n'es pas le petit Panotet? Il ne dirait pas monsieur à un ami.

PANOTET. Mande pardon, je suis bien le petit Panotet de Belleville!

DANIEL. Rue Rebeval?

PANOTET. Oui, mon lieutenant.

DANIEL. Comment, c'est toi!... (Il lui tend la main. Panotet hésite.) Eh bien!... (Ils se donnent une poignée de main). A la bonne heure!...

MARCEL. Tiens, tiens!... deux Bellevillois!... rue Rebeval!... Quartier chic. (Il s'assied à droite sur une caisse de marchandises.)

PANOTET. Comment, voilà un mois que nous faisons la traversée de Toulon au Tonkin, voilà huit jours de quarantaine, et ce n'est qu'au dernier moment!...

DANIEL. C'est ta faute d'envie... Je vous avais bien vu... Mais dame, vous savez... On se dit: Nous ne mangeons pas à la même écuelle... Mais ça me fait bien plaisir, allez...

DANIEL. Et à moi, donc! Un brave et digne garçon qui me rappelle le beau temps de mon enfance... Tu habitais toujours Belleville?

PANOTET. Toujours!...

DANIEL. Que la vieille grand'mère. Vous m'en voulez parler... (Ils vont s'asseoir, Daniel sur un ballot de marchandises, Panotet sur un pliant.)

MARCEL, à lui-même. V'là un officier qui ne fait pas sa Sophie; autre genre que sir Capote; ils ne sont pas du même plâtre...

DANIEL. Voyons! la maman Berthier?...

PANOTET. La maman Berthier se portait comme un charme...

DANIEL. Bonne grand'mère!... (Des passagers et des matelots disparaissent à l'escalier du matelot de quart.)

MARCEL, à part. C'est sa grand'mère!... Côté des femmes, alors!...

DANIEL. Elle ne se trouve pas là seule?...

PANOTET. Hé! hé! hé! si!... Mais la pauvre vieille... elle s'y est habituée petit à petit... Les uns sont morts...

DANIEL. Oui, sa fille d'abord... ma bonne mère... ma chère Jeanne!...

MARCEL, à part. J'ai connu une Jeanne aussi, moi!... Ça ne doit pas être la même!...

PANOTET. Et puis... votre père... Ce brave monsieur Richard...

MARCEL. J'vas connaître toute la famille, si ça continue.

PANOTET. Et comme vous étiez déjà à Saint-Cyr, il ne lui restait que Gavroche... Claude, votre... ton frère.

DANIEL. Qui devait la consoler de toutes ces absences...

PANOTET. Oui, mais il n'y a pas eu moyen de le tenir quand s'est établi le Tonkin... Quand le premier coup de fusil a été tiré en Tunisie, il était comme un fou!... Ah! qu'il disait, je serai soldat... j'irai rejoindre Daniel.

DANIEL. Et il est venu... et il est sinon le meilleur, du moins l'un des plus braves...

PANOTET. Et il a grimpé aussi, lui? Est-il officier comme vous?

DANIEL. Non, simple tambour. C'était son idéal... Mais tu m'ennuyeras avec tes vous... Est-ce que je te dis vous, moi!...

PANOTET. Écoutez donc, mon lieutenant, le toi me reste dans le gosier. Il me semble que tu n'as pas le droit de te vous... tutoyer... Vous avez u épaulette... et moi... un galon à mon képissé, quand il n'est pas sur ma tête. (On relève le matelot de quart.)

DANIEL. Toit domestique?

PANOTET. Eh! mon Dieu... oui!... J'ai abandonné ma sellette de décrotteur, et ma médaille de commissionnaire.

DANIEL. Et comment le trouves-tu sur l'aviso l'Éclair?

MARCEL, à part. On aura chargé d'une lettre à porter en Chine.

PANOTET. Figurez-vous que, depuis quelque temps, il venait par chez nous un brave homme... un Anglais... qui s'informait de tout le monde du quartier...

MARCEL, à part. Ces Anglais, c'est si curieux!...

PANOTET. Il paraît qu'il m'avait pris à la bonne. Je lui avais fait quelques commissions. Il trouvait que l'état était un peu rude... Il m'a embauché pour le compte de son maître, je me suis laissé embobiner... Et me v'là!

DANIEL. Comment!... C'est en Chine...

PANOTET. Oh! Vous le connaissez, mon vieux brave homme!... C'est monsieur Maxwel.

DANIEL. Maxwel!... Eh! mais alors, c'est au service du capitaine de la frégate, lord Francis Warney...

PANOTET. Que je vais entrer, mon Dieu

et Maxwell paraissent au fond. Maxwell tenant de la droite, le commandant, de la gauche. Wilder fait un signe à Marcel qui s'éloigne au fond. Wilder s'assied derrière les ballots, à gauche. Nuit progressive. Quelques éclairs sillonnent l'horizon.)

SCÈNE X
WILDER, MARCEL, MAXWELL, LE COMMANDANT.

MAXWELL. Commandant.

LE COMMANDANT. Ah! c'est vous, monsieur Maxwell?... Eh bien! les nouvelles que vous avez reçues de notre brave capitaine Warney doivent vous rassurer?...

MAXWELL. Non, commandant.

LE COMMANDANT. Non?

MAXWELL. Chaque phrase de la lettre de mon cher maître, trahit son inquiétude... La fièvre de l'impatience ne le quitte pas... Il me tarde d'être auprès de lui.

LE COMMANDANT. Demain, ce vœu sera exaucé...

MAXWELL. Demain... Mais il est souffrant... La mission qu'il m'a donnée à remplir est d'une importance telle que je n'ai pas osé confier à une lettre ce que j'ai hâte de lui dire... à lui!...

LE COMMANDANT. Eh bien!... Oh! non... c'est impossible.

MAXWELL. Qu'est-ce qui est impossible?... Commandant, vous aviez un projet? *(Éclairs lointains, tonnerre.)*

LE COMMANDANT. Auquel je renonce...

MAXWELL. Parce que?...

LE COMMANDANT. L'orage est imminent...

MAXWELL. Commandant, je vous ai deviné, vous alliez me dire: Le canot qui m'a apporté les dépêches et qui retourne à terre peut vous emporter, ce soir, vous...

LE COMMANDANT. Oui... mais...

MAXWELL. Pas de mais, commandant, C'est une heureuse inspiration. Oh! toutes vos objections, me les produisez pas, elles sont détruites par avance. Demain matin, je reverrai milord; mais en passant la nuit d'angoisses... L'orage approche, mais Dieu permettra que je touche terre avant que le danger soit réel...

LE COMMANDANT. Allons, j'y consens!...

MAXWELL. Ah!

LE COMMANDANT. A une condition cependant.

MAXWELL. Laquelle?

LE COMMANDANT. C'est que vous partirez seul, et que vous aurez le courage de résister aux supplications de miss Lucy si elle était informée de votre départ et qu'elle voulût vous suivre.

MAXWELL. Je puis être embarqué avant qu'elle le sache.

LE COMMANDANT. C'est là tout ce qu'il faut. Je vais donner mes ordres en toute hâte. Vous partirez... *(Il sort. Wilder se lève, Marcel le rejoint.)*

SCÈNE XI
WILDER, MAXWELL, MARCEL.

MAXWELL, *à lui-même*. Ah! mon cher et vénéré maître!... Cette nuit même, j'aurai rendu à votre âme tout le calme qu'elle n'a pu retrouver pendant mon absence.

MARCEL, *à Wilder*. C'est un vieil entêté... Vous ne gagnerez rien.

WILDER. N'importe! Je dois tenter de le retenir. (A Maxwell qui va s'éloigner.) Monsieur Maxwell.

MAXWELL. Sir Georges...?

WILDER. Je n'ai point écouté ce que le commandant vient de vous dire... mais quelques lambeaux de phrases sont venus frapper mon oreille... et, mes craintes aidant... j'ai su comprendre...

MAXWELL. Qu'avez-vous compris?...

WILDER. Que vous allez partir immédiatement.

MAXWELL. Mais Votre Honneur...

WILDER. Ne niez pas!... Vous mentiriez mal!.. Pourquoi partez-vous seul?... Écoutez! Je ne crois pas au danger couru par mon oncle. Mais je crois fort à celui qui courent mes intérêts.

MAXWELL. Que voulez-vous dire, sir Georges?

WILDER. Que vous vous rangez sans motif du côté de mes ennemis.

MAXWELL. De vos ennemis?

WILDER. Puis-je appeler autrement ceux dont la présence subite va me ravir cet héritage auquel ma naissance me donnait droit de prétendre après la mort de sir Edmund.

MAXWELL, *après un mouvement.* Que Votre Honneur daigne s'expliquer.

WILDER. Oh! vous me comprenez, Maxwell, mais il en est temps encore... Pourquoi seriez-vous plutôt l'auxiliaire d'un étranger que de moi, dont l'affection peut vous être nécessaire?

MAXWELL. A moi?...

WILDER. Cette fortune que vous m'aurez conservée, vous en aurez votre part... Je saurai reconnaître un si éminent service. — Mon oncle a toute confiance en vous... Dites-lui que vos recherches ont été inutiles... Il vous croira.

MAXWELL. Non, Votre Honneur, Il ne me croira pas.

WILDER. Parce que?...

MAXWELL. Parce que si je nie mal, je mens plus mal encore et mon maître ne s'y tromperait pas. — Ensuite, parce que je l'ai tenu au courant de mes démarches et de mes espérances.

WILDER. Alors il sait?...

MAXWELL. Presque tout...

WILDER. Et que vous reste-t-il à lui apprendre?

MAXWELL. Un nom que je lui dirai dans une heure, quand je serai près de lui...

WILDER. Celui de Daniel Richard. *(Mouvement de Maxwell.)* C'est bien ce nom-là, n'est-ce pas?

MAXWELL. Je respecte trop Votre Honneur pour lui donner un démenti.

WILDER. De la raillerie!... Prenez garde!

MAXWELL. Et quoi donc, sir Georges?...

WILDER. Maxwell!... vous ne me comprenez donc pas?... ce que je vous offre: c'est mon amitié...

MAXWELL. Je préfère votre colère, monsieur le baronnet... En refusant de vous servir... j'appelle sur moi votre haine, peut-être... mais je vous défie de ne pas m'estimer. *(Il salue et sort.)*

SCÈNE XII
WILDER, MARCEL.

MARCEL. Eh bien, avais-je raison? Un mulet en habit noir!... Il partira.

WILDER. Il ne partira pas.

MARCEL. Qui l'en empêchera?

WILDER. Miss Lucy.

MARCEL. Qu'y gagnerez-vous?

WILDER. Une nuit... J'ai nuit porte conseil. — *(Il sort. Éclairs. Orage lointain.)*

SCÈNE XIII

MARCEL, *seul*. Pauvre sir Carotte... Qu'est-ce qu'il aura gagné à le retenir ce soir? Rien. Demain, nous débarquerons tous... et il perdra son héritage. Fâcheux! Il y aurait quelque chose à grignoter dans ce gâteau-là...Le tout serait de le servir. Comment? Voyons, voyons... Admettons que la cuisine du baronnet puisse retenir le Maxwell... Le Maxwell prend son bagage... et, tout joyeux, se prépare à descendre dans le canot. Il met le pied sur l'escalier chancelant... *(Se levant frappé d'une idée).* Chancelant... *(Il jette autour de lui un regard vif et remonte vers le fond voyant qu'il est seul.)* C'est une idée, cela !... L'échelle ne tient guère... si elle tenait moins encore!... ce serait si la cité... *(Il est remonté jusqu'à l'échelle d'accoste, il tire un couteau de sa poche et se penche en dehors. Il examine les vis.)* Voilà des vis qui dansent joliment dans leur trou. *(Il tourne les vis.)* Un petit tour à gauche... ça les détacherait... Non, elles tiennent encore assez pour qu'on ne s'aperçoive pas... mais en mettant le pied dessus... monsieur Maxwell s'en apercevra, lui... trop tard... (la chose réussisse) et sir Carotte me saura gré de l'invention. Je n'en veux pas davantage... Le canot!... Il était temps!.. *(Sept heures sonnent.)* Sept heures?!... *(Il se penche sur les bastingages.* Le canot!... Il était temps!.. *(Il vient s'asseoir à gauche. Ernley et quelques matelots entrent en scène.*

SCÈNE XIV
MARCEL, ERNLEY, MATELOTS, MAXWEL et PANOTET.

ERNLEY. Ho du canot! vous y êtes?

UNE VOIX *au dehors.* Prêts... *(Panotet entre une valise à la main. Il la pose sur les ballots de droite sans la quitter.)*

ERNLEY *à Maxwell qui entre.* Hâtons-nous, monsieur Maxwell.

MAXWEL Me voici! *(Il prend sa valise des mains de Panotet.)*

MARCEL *à part.* Sir Georges n'a pu prévenir sa cousine!... C'est heureux que j'aie paré à l'événement... *(Maxwell est au sabord. Il en pour poser le pied sur l'escalier, lorsqu'il s'arrête à la voix de Lucy.)*

LUCY *au dehors.* Maxwell... Maxwell...

MAXWELL Miss Lucy.

MARCEL *à part.* Diable!... *(Orage plus rapproché. Éclairs.)*

SCÈNE XV
MARCEL, MAXWEL, ERNLEY, LUCY, WILDER, PANOTET, KATT, puis DANIEL, puis LE COMMANDANT, MATELOTS, MOUSSES, PASSAGERS, LE LIEUTENANT.

LUCY, *accourant de gauche*. Maxwell, vous m'avez trompée.

MAXWELL. Miss... *(Daniel entre de droite.)*

LUCY. Vous vous rendez auprès de lord Warney... Je veux partir aussi, moi!...

DANIEL. Partir, mademoiselle! Y songez-vous?

LUCY. Oui, j'y songe!... Quand mon oncle... quand mon second père est en danger de mort peut-être... *(A Maxwell.)* Votre droit d'être auprès de lui est-il plus sacré que le mien?...

MAXWELL. Non, miss... mais ce danger auquel vous croyez n'existe pas...

ERNLEY. Nous perdons du temps.

LE COMMANDANT, *entrant*. Comment, le canot n'est pas encore parti?...

LUCY. Ah! commandant! si vous avez consenti à mettre cette embarcation au service de Maxwell, c'est que vous êtes dans sa confiance.

LE COMMANDANT. Si vous le retenez plus longtemps, miss Lucy, ma complaisance aura été inutile...

LUCY. Je ne le retiens pas... Je lui dis seulement: Si vous partez!... je pars.

MAXWELL. Ah! miss! c'est un malheur là qui vous ayez appris... (A Wilder.) Ah! monsieur le baronnet!... c'est vous!...

LUCY. Le baronnet a fait son devoir... et vous m'empêchez d'accomplir le mien... (Éclairs, roulements de tonnerre, le ciel s'obscurcit.)

PANOTEL. Encore de l'orage.

KATE. Ah!...

LE COMMANDANT. Monsieur Maxwell... quelques minutes encore et il sera trop tard.

MAXWELL. Non, car miss Lucy ne voudra pas la isler.

WILDER, à Lucy. Ne cédez pas...

LUCY. J'insisterai...

MAXWELL. A mon tour, miss, c'est moi qui vous supplie.

WILDER. Mais, monsieur Maxwell...

MARCEL, bas à Wilder. Laissez-le donc s'embarquer, lui...

WILDER. Comment!...

MARCEL. J'ai tout prévu...

MAXWELL. Ah! commandant, laissez-la partir avec moi!...

LUCY, suppliante. Commandant !...

LE COMMANDANT. Eh bien, que Dieu me pardonne, miss, si je vous exposais... Vous le voulez... partez...

LUCY. Oh! merci!...

MARCEL, passant la main sur son front. Oh!

WILDER. Tout est perdu!

MAXWELL. Descendez, miss.

MARCEL, malgré lui. Non pas...

WILDER. Qu'as-tu donc ?... (Violent coup de tonnerre au moment où Lucy va mettre le pied sur l'échelle. Elle recule effrayée au bruit de la foudre.)

TOUS. Ah!

LUCY. Dieu!

LE COMMANDANT. Miss Lucy!... ma faiblesse serait un crime!.. Pour mon honneur et mon devoir, vous ne partirez pas. (Maxwell regarde Lucy avec une supplication muette. Elle jette ses regards tour à tour sur lui et sur Daniel dont l'attitude est suppliante.)

DANIEL. Mademoiselle!...

LUCY. Vous le voulez tous... Allez! allez, Maxwell... Je reste!...

WILDER. Ah!

MARCEL. Huit cents kilos de moins sur l'estomac...

MAXWELL. A demain, miss, à demain...

LUCY. A demain. (Maxwell s'engage sur l'échelle d'accoste. A peine a-t-il posé le pied sur la première marche que l'échelle tourne. Il est précipité au milieu des flots.)

TOUS. Ah!

LUCY. Maxwell...

DANIEL. Ah! quel affreux malheur! (Wilder est pâle et muet d'épouvante. Marcel lui a saisi le bras et le contient. Panotel et Kall, appuyés l'un à l'autre tremblent de tous leurs membres.)

LE COMMANDANT. Les bouées de sauvetage, les falots, les échelles!... (On exécute les ordres du commandant, Ernley à cajamble le bordage et a disparu.)

LUCY. Oh! commandant... Vous le sauverez n'est-ce pas?

LE COMMANDANT. Je l'espère! (En dehors.) le voyez-vous ?

ERNLEY, en dehors. L'aviso chasse sur ses ancres... Il est tombé entre le canot et le bordage...

LUCY, tombant à genoux à droite. Ah! mon cher Maxwell...

WILDER. Commandant! commandant! il ne saurait périr, n'est-ce pas!

LE COMMANDANT. Oh! je ne réponds de rien

monsieur, par ce temps affreux! Quel reproche éternel pour moi! A-t-il reparu ?

ERNLEY. Au dehors. Non commandant!

MARCEL, à Wilder. Eh bien! vous voilà sur de parler le premier !

LE COMMANDANT. La lame l'a emporté!

LUCY. Mort!

DANIEL ET LUCY. Mort. (Lucy tombe à genoux.)

MARCEL. Je crois même, sir Georges, que vous parlerez tout seul.

DEUXIÈME TABLEAU
Nos Soldats

Aux environs de K'lung, sur la route de Tamsui. Grande cour, dans une maison chinoise, attenant à un immense jardin. Au fond, attenant au dispensaire vers la gauche, les murs de clôture abattus aux trois-quarts et laissant au milieu une brèche assez large. A droite, un corps de logis éventré, mitraillé. On arrive par un double escalier à rampes en bambou, à la porte principale de cette habitation placée en oblique et dont les fenêtres principales s'ouvrent sur un balcon régnant autour de la maison. Au-dessous de la fenêtre, au premier plan, un large soupirail sans barreaux; quelques grosses pierres se trouvent placées près du soupirail. A gauche, les allées du parc. Au fond, en perspective, un site pittoresque de l'île de Formose.

SCÈNE PREMIÈRE

UN LIEUTENANT DE VAISSEAU, UN LIEUTENANT D'INFANTERIE DE MARINE, MOULE-A-CLAQUES, LA RÉSERVE, VA-DE-TRAVERS, VENT-EN-PANNE, MARINS, OFFICIERS, SOLDATS D'INFANTERIE DE MARINE.

L'entracte à l'orchestre est terminé par une canonnade allant toujours en diminuant et par la sonnerie du pas gymnastique. Au lever du rideau, la scène est vide. Tout à coup, venant de la gauche, au fond, le long du mur, et trébuchant l'air que jouent les deux clairons qui la précèdent, un peloton de marins et un autre d'infanterie de marine se ruent sur le théâtre au pas gymnastique.

LE LIEUTENANT D'INFANTERIE. Compagnie! halte!... front!... formez les faisceaux!

LE LIEUTENANT DE MARINE. Et reposez-vous, mes gaillards.

Les soldats ont exécuté les mouvements commandés. Les officiers se réunissent et sortent en causant. Un adjudant place des sentinelles. Les soldats ont rompu les rangs et ont mis sac à terre.

VA-DE-TRAVERS. On rentre au poulailler, tant mieux!... Les changements d'appartement, ça dérange mes habitudes.

MOULE-A-CLAQUES. Fais un bail de trois, six...

VA-DE-TRAVERS. Dégourdi, va!...

MOULE-A-CLAQUES (aux matelots). Eh bien, les marinarius... est-ce qu'on ne fusionne pas pour la popote, aujourd'hui ?...

LA RÉSERVE (accent marseillais). Espère, mon Espère!... que l'on va triturer son fricot en famille!...

MOULE-A-CLAQUES. A la bonne heure!... occupons-nous du nécessaire.

VENT-EN-PANNE. Dressons les cuisines.

LA RÉSERVE. Moule-à-Claques, mon petit... envoie ici du combustible... des bûches!...

VENT-EN-PANNE. Mets-toi dans le feu...

LA RÉSERVE. Des copeaux ?...

VENT-EN-PANNE. Gratte-toi les tibias!

LA RÉSERVE. Espère, toi; Vent-en-Panne, que je vais te fourrer oune bassero qui te

fera voir si la Chine elle est en Tunisie... (Les soldats ont apporté ce que demandait la Réserve; on apprête le feu.)

VENT-EN-PANNE. Des chenets.

MOULE-A-CLAQUES, apportant deux pierres. Les chenets à boule de cuivre !... présent!...

VA-DE-TRAVERS, allumant une chique sur son genou. Et le gaz portatif (On allume le feu. Deux soldats ont formé un chevalet avec trois morceaux de bois.)

LA RÉSERVE. Et ça qui l'ou crémaillère... (accroche une corde avec un crochet au chevalet.)

VENT-EN-PANNE. Finibus en accrochant un boulon au crochet. Et, laisse arriver la casserole !

MOULE-A-CLAQUES (versant un seau d'eau dans le bidon. V'là le bouillon !...

LA RÉSERVE. Et que ça flambe!... Espérez alors, mes bouis... qu'on peut maintenant prendre sous verre d'absinthe. (Il se met une chique dans la bouche.)

SCÈNE II
LES MÊMES, DANIEL RICHARD

DANIEL, entrant, avec soldats. Vous voilà déjà installés, mes gaillards.....

VA-DE-TRAVERS. Oh! pour ça, jamais les derniers, mon lieutenant... Plus vite c'est fait, plus vite on se repose...

DANIEL, avec inquiétude. Je ne vois pas Claude, parmi vous ?

MOULE-A-CLAQUES. Gavroche?...

DANIEL. Oui, mon frère...

LA RÉSERVE. Espérez, mon lieutenant, qu'il nous a quittés à dix pas de la cambuse...

DANIEL. Vous êtes sûrs qu'il était à la tête du peloton après le combat ?

VA-DE-TRAVERS. Oui, mon lieutenant... oui, bien sûr... Ne vous faites pas de bile comme ça. Une balle chinoise aurait tout simplement crevé si peu d'une, et il est allé voir s'il n'en trouverait pas une de rechange.

DANIEL. Merci, mes amis... Vous me rassurez... Merci... (Il gravit l'escalier et entre dans la maison.)

SCÈNE III
LES MÊMES, MOINS DANIEL, PUIS LA MASCOTTE, CANTINIÈRES

MOULE-A-CLAQUES. Quel bon garçon en voilà une crème d'officier !

LA RÉSERVE. C'est un vrai zig !... Il ira loin... je m'en fiche mon billet... Je regrette qu'il ne soit pas de Marseille!...

VENT-EN-PANNE. Mes enfants, v'là l'eau qui bout pour le pot au feu.

VA-DE-TRAVERS. Oui, mais le gite à la noix brille par son absence !...

LA RÉSERVE. Espère, mon bon... Espère... que l'on remplacera le gîte par un morceau de ma culotte !..

MOULE-A-CLAQUES. Tout ça, c'est des bêtises, mais nous ne pouvons pas nous restaurer avec de l'eau chaude !

LA MASCOTTE, au dehors. La valenco! la belle ! valenco ! demandez la valenco!

TOUS, remontant au fond. Ah !...

LA RÉSERVE. Qué! c'est le flageolet de la Mascotte.

MOULE-A-CLAQUES. La Vénus à Gavroche!...

VA-DE-TRAVERS. L'Hébé du bataillon! Si elle nous apportait le pot-au-feu!...

TOUS. Ohé! la Mascotte... ohé!...

LA RÉSERVE. La marmite est au feu... l'eau bout...

LA MASCOTTE, *entrant chargée de branches d'oranges portant leurs fruits. Elle a lu sac sur le dos, la carabine en bandoulière. Elle est accompagnée de trois cantinières.* Eh bien, mes enfants... Dinez... V'là l'dessert... La belle valence !...

TOUS. Des oranges !...

LA RÉSERVE. Et un pot de moutarde, voilà tout ce que j'ai rencontré sur ma route !... (*Elle montre un immense pot de moutarde Bornibus.*)

VA-DE-TRAVERS. Bravo, la moutarde !... Laisse-moi t'embrasser pour la surprise inattendue.

LA MASCOTTE, *lui donnant un soufflet.* Oh ! mon vieux, à bas les pattes, ça tache !...

LA RÉSERVE. Pot-au-feu à la moutarde et aux oranges... ça me semble un drôle de potage...

LA MASCOTTE. Bast ! à la guerre comme à la guerre !... (*Regardant autour d'elle.*) Ah ça, mais !... il me semble qu'il manque quelqu'un ici.

MOULE-A-CLAQUES. Bon ! v'là Gavroche qui va lui travailler la cervelle.

LA MASCOTTE. Vous ne l'avez pas vu, ce monstre-là ?

LA RÉSERVE. Si... si. Espère !...

LA MASCOTTE. Oùsqu'il est ?...

LA RÉSERVE. Enlevé ! troun de l'air !

LA MASCOTTE. Enlevé !

LA RÉSERVE. Par une Chinoise, subjugué par ses charmes et ses bouillants... coups d'laguette...

LA MASCOTTE. Est-il bête, ce mathurin !... Gavroche, enlevé !

LA RÉSERVE. Avec ça Bagasse, qu'élô fïù... il n'était pas assez ficelé pour ça !... Je le vois d'ici...

LA MASCOTTE. Où ça ?...

LA RÉSERVE. Chez la Chinoise, je te dis... Espère !... Il s'est étendu sur des coussins moelleux... un luyaud de pipe chatouille agréablement sa margoulette, l'opium lui passe par le fusil, et des petites menottes chargées de bagues pianotent doucement dans son odoyante chevelure ! Oh ! quelle chance, bagasse !... Tandis que nous : la soupe aux oranges et à la moutarde... la terre froide et glacée, les nuages pour baldaquin... et la frimousse de Moule-à-Claques comme repoussoir !... Ah ! troun de l'air !... je doublerai cinquante-sept sous d'un mauvais traversin (*A ce moment, on aperçoit un amas de traversins, d'oreillers et de couvertures s'élever dans le camp*)... Hé ! qu'és à-quó ?... Mes petchouns... regardez...

VENT-EN-PANNE. Un Chinois en retard qui déménage.

MOULE-A-CLAQUES. Une literie au complet.

VA-DE-TRAVERS. V'là de quoi se passer de dîner... Je demande à connaître le limonier...

VENT-EN-PANNE. C'est Rit-de-Côté...

MOULE-A-CLAQUES. C'est Misten-Flûte !...

LA RÉSERVE. C'est Brosse-à-Plat, troun dé l'air !...

LA MASCOTTE. N'estes-que des canaris !... C'est ni l'un ni l'autre. C'est Gavroche !... (*Le tas de couvertures s'entr'ouvre et Gavroche paraît monté sur un âne.*)

SCÈNE IV

LES MÊMES, GAVROCHE

GAVROCHE. T'as deviné. (*L'embrassant*). A toi la prime !...

TOUS. Gavroche !...

GAVROCHE. Le roi des maraudeurs !... Et vous voyez... les Chinois peuvent me crever ma caisse. J'ai de la peau d'âne de rechange !...

Air nouveau de M. GEORGES ROSE

I

En v'nant en Chine je m'disais :
Je trouverai, des Chinoises
Avec des yeux bien comme j'ais,
Des lèvres aux framboises,
Fill's aux gracieux appas,
Bouts blanchets et bouches coquin's,
Mais sapristi, je n'pensais pas...
Trouver tant d'an's en Chine.

Hi han ! hi han !
De Thai-O-an,
A Lai-nan,
Hi han ! hi han !
Voila le chant,
Le braillement,
Et le brayant,
Que l'on entend
De Thai-O-an
A Lai-Nan...
Hi han ! hi han !
Hi han !...

(*Reprise du refrain par tout le monde*)

GAVROCHE

II

Puisqu'à Formose, où nous voici,
Des bourriquots on trouve
Comme au bois de Montmorency,
Savez-vous c'qui ça prouve ?
Eh bien, ça vous prouve surtout
Qu'on n'a s'cherchant pas l'origine,
Et qu'on peut rencontrer partout...
Des ân's comme en Chine !

Hi han ! hi han !
De Thai-O-an
A Lai-Nan,
Hi han ! hi han !
Voila le chant,
Le braillement,
Et le brayant,
Que l'on entend
De Thai-O-an
A Lai-Nan
Hi han ! hi han !
Hi han !

(*Reprise du refrain*)

TOUS. Vive Gavroche !...

GAVROCHE. Moule-à-Claques !... mets Patchouli à l'écurie. (*On entraîne l'âne.*)

VA-DE-TRAVERS. Mais t'as dévalisé le colosse de Rhodes...

GAVROCHE. On était mal couché, fallait bien rembourser Formose.

LA RÉSERVE. Ce crapaud-là, bagasse !... il trouverait de la plume sur la peau d'une grenouille.

GAVROCHE. Seulement, faut que ces grenouilles-là soient des oies, mon vieux. (*On rit*).

LA MASCOTTE. Ah çà, dis donc, toi, tu ne peux pas m'avertir quand tu vas en expédition ! Tu nous mets dans des inquiétudes...

GAVROCHE. C'est que, vois-tu, ma fille, en maraude, les femmes, ça jabote... et le bruit fait sauver la volaille !...

LA MASCOTTE. C'est bon, tu me la payeras, celle-là !...

GAVROCHE. Ma fille, pas de querelle de ménage devant ces messieurs... (*Aux soldats*) Eh ! dites donc, vous autres, j'espère que vous m'en laisserez, hein ?...

VENT-EN-PANNE. Voilà tou tas. (*Il désigne des objets de literie.*) Double ration : pour toi et pour la mascotte.

GAVROCHE. Très bien !...

MOULE-A-CLAQUES, *portant sa couverture à terre.* Là !... ma couverture faite... Ça compensera au moins du mauvais dîner.

GAVROCHE. Comment, le mauvais dîner ?

LA RÉSERVE, *montrant le bidon au-dessus du feu.* Té ! Voilà tout le service, mon bon.

GAVROCHE. Du bouillon de canard... et chaud encore... Vous voulez me le faire avaler, celle-là...

LA RÉSERVE. Rien qu'des oranges et un pot de moutarde...

GAVROCHE. Dans un pays comme celui-ci où tout pousse comme en France ! Et v'là des marsouins qui osent s'intituler les premiers soldats du monde ! Ah ! mince alors ! — Mais vous n'êtes que des bleus, des recrues, des failli-chiens ! — Je vous dégrade ! — Allons, allons, en chasse !... sacredié !... Et si dans un quart d'heure vous ne m'avez pas apporté de balthazar de rigueur, de quoi se lester la place d'armes, je fais un feu de joie de ma literie !...

TOUS. Ah !...

GAVROCHE. C'est comme ça ! A la maraude !...

TOUS A la maraude !... (*Ils sortent de différents côtés en courant.*)

SCÈNE V

GAVROCHE, LA MASCOTTE, puis DANIEL, UNE SENTINELLE.

GAVROCHE. Quant à moi, j'en ai assez fait. Qu'ils cherchent à leur tour.

LA MASCOTTE. Entendu !... Nous allons nous reposer en causant. (*Daniel paraît au haut de l'escalier.*)

GAVROCHE. Et en taillant la soupe.

DANIEL. Pas avant de m'avoir embrassé, toujours !

GAVROCHE. Mon frère !...

DANIEL. Tu n'as pas été blessé ?...

GAVROCHE. Moi ?... Blindé !... cuirassé !... Preuve à toi à l'épreuve des balles !...

LA MASCOTTE. Ne ris pas... Ça peut arriver, malheureusement...

GAVROCHE. Bah ! Ne pensons pas à ça... Et toi, voyons... J'espère que tu dois être satisfait, hein ? Voilà une affaire qui pourrait bien t'envoyer une épaulette de plus !

DANIEL. Oh !

LA MASCOTTE. Pourquoi pas ? (*Elle se met à tailler la soupe.*)

GAVROCHE. Tu as enlevé le village de Banka et tu as sauvé un capitaine de frégate, un Anglais... qui, paraît-il, est un particulier... important...

DANIEL. Oui, j'en suis heureux, tu as raison ; non pas pour ce qui peut m'advenir d'avancement ou de récompense, mais parce que la fortune m'a servi en me permettant de sauver l'homme de qui dépend mon sort.

GAVROCHE, *prenant du pain et taillant la soupe avec la Mascotte.* Ton sort, ce bonhomme ?...

DANIEL. Oui... J'aime sa nièce, miss Lucy.

LA MASCOTTE. Voyez-vous le cachotier !...

GAVROCHE. Ah ! ça t'intéresse-toi... ces romans-là... si tu veux, mais coupe ton pain et affale ton grelot... (*A Daniel.*) Où t'as-tu connue ?

DANIEL. Sur l'aviso *l'Eclair*.

GAVROCHE. Et tu crois... que tu lui as tapé dans l'œil ?

DANIEL. Je le crois. — Sans rien me dire, elle m'a laissé deviner...

GAVROCHE. Qu'elle pourrait un jour se nommer madame Richard ?

DANIEL. Oui.

GAVROCHE. Tiens, si elle était là, je l'embrasserais sur les deux joues, ma belle-sœur !...

DANIEL, *riant.* Ma belle-sœur !...

GAVROCHE. Eh oui, ma belle-sœur. — Est-ce que tu crois que le capitaine te refusera ? toi, un garçon tourné, brave, pas bête, rigolo ! Un lieutenant d'infanterie de marine ! Allons donc, des bêtises !...

LA MASCOTTE. Il a raison !

GAVROCHE. Parbleu !... ça y est !... Vous

êtes mariés. — Une f... les Chinois musclés, tu mets ton plus ... uniforme, ton sabre neuf, tes bottes vernies, des gants. Tu vas frapper à l'hôtel de milord; un laquais t'introduit, tu entres et tu lui dis: Capitaine, je me nomme Daniel Richard, fils d'un ancien troubade, un honnête homme; je suis aussi honnête que lui! Je n'ai pas le sou, c'est vrai; mais je vous demande la main de votre nièce! — Il te dit oui... On publie les bans dans les deux langues... l'alliance anglo-française, et, trois semaines après, l'affaire est dans le sac. (A la Mascotte.) Passe-moi une autre boule de son.

LA MASCOTTE, *lui tendant un poing.* Voilà!

DANIEL. Tu es fou!...

GAVROCHE. De joie? c'est possible!... Oh! le neveu d'un milord! Je te vois déjà membre du Parlement! un Gladstone en herbe! avec la Jarretière et un cordon *trud* ou *shire* quelconque!... Dis donc, frérot... qu'est-ce que tu feras de moi, quand tu seras à la Chambre haute?...

DANIEL. Cher Claude!...

LA MASCOTTE. Est-il incroyable!...

DANIEL. Enfant!...

GAVROCHE. Ça n'empêche pas que tu me laisses jaboter et que tu sembles heureux de mes châteaux en... Angleterre.

DANIEL. Parce qu'au fond de tout cela, il y a le rêve que je caresse... mon mariage avec elle!...

GAVROCHE, *montrant la Mascotte.* Le nôtre à la suite... Denise deviendra, elle, madame Claude Richard. Et on dansera, nom d'un nom!... Et nous ferons danser la grand-mère!...

LA MASCOTTE. Et où prendras-tu la monnaie pour nous faire danser?...

GAVROCHE. La monnaie? Laisse donc faire... Il y a un magot conservé pour cela!...

LA MASCOTTE. Des économies?

GAVROCHE. Un peu, ma biche!... Sur la pension de mille francs que la grand-mère nous fait, ou plutôt fait à son Benjamin. (Il désigne Daniel en diminuant la sienne...)

DANIEL. Et qu'il a fallu accepter sous peine de lui faire un chagrin énorme.

GAVROCHE. Ça servira à payer le festin et les violons!...

LA MASCOTTE. Vive la joie, alors!...

GAVROCHE. Ah! j'en gigote d'avance! (Il se met à danser avec la Mascotte.) Tra la, la, la, la... *Le capitaine Warney entre, un officier, de la marine et de la régine, miss Lucy, Katt et Panotet paraissent au fond suivis d'officiers français. (Les sentinelles présentent les armes.)*

LA MASCOTTE, *les apercevant.* Chut! à vos rangs!

GAVROCHE. Passe-moi ma vareuse! (*Il remet sa vareuse tout en s'en vont.*)

DANIEL. Lord Warney... miss Lucy!... (*La Mascotte et Gavroche font le salut militaire.*)

SCÈNE VI

LORD WARNEY, DANIEL, GAVROCHE, LA MASCOTTE, MISS LUCY, KATT, PANOTET, LE COMMANDANT DE L'INFANTERIE DE MARINE, OFFICIERS DE MARINE ET D'INFANTERIE, UNE SENTINELLE.

LORD WARNEY, *à Daniel.* Comment, lieutenant, c'est ainsi que, depuis deux heures, vous vous dérobez à nos remerciements?...

DANIEL. Oh! milord... (*Il salue Lucy.*)

LORD WARNEY. Miss Lucy, ma nièce!...

GAVROCHE, *à la Mascotte.* Oh! c'est l'oncle de la milady!

LUCY. Mon oncle et moi, monsieur, nous sommes heureux de pouvoir vous remercier publiquement du secours que vous nous avez apporté au moment où tout espoir nous semblait interdit.

DANIEL, *tremblant d'émotion.* Miss...

LORD WARNEY. Votre bravoure mérite d'être citée, monsieur Richard... Ah! nous l'avons échappé belle, ne voilures. Notre voiture venait d'être brisée sur la route de Tamsui, où je me tenais pour prendre les ordres de mon consul. Entourés par une troupe en délire de réguliers chinois, ne respectant ni notre nationalité, ni notre neutralité, nous aurions infailliblement péri sans la valeureuse intervention du lieutenant, qui au risque de sa vie a sauvé les nôtres.

LE COMMANDANT, *donnant la main à Daniel.* Et est sorti glorieusement d'un combat difficile.

KATT. Aoh! ce bétail magnifique exemplaire.

LA MASCOTTE. Qué que c'est que ça?

GAVROCHE. Un poteau télégraphique.

LORD WARNEY. L'Angleterre vous tiendra compte d'avoir sauvé un de ses officiers, monsieur, j'en réponds; mais la reconnaissance de mon pays ne m'acquitte pas, moi, et je vous chercherai pour vous dire: Le capitaine Warney vous offre son amitié; lieutenant Richard, l'acceptez-vous?... (*Il lui tend la main.*)

DANIEL. Capitaine!...

LORD WARNEY. Dites, l'acceptez-vous?...

DANIEL, *prenant la main du capitaine.* Oh! milord!...

GAVROCHE. Ça y est! Il lui donne la main. Il lui donnera sa nièce. (*Lord Warney.*) Capitaine, vous êtes un brave!...

LORD WARNEY, *le regardant.* Hein?

DANIEL. Mon frère, capitaine!

LORD WARNEY. Simple soldat?...

GAVROCHE. Oui, mon capitaine. Ah! vous savez... les frères se suivent, et ne se ressemblent pas...

LORD WARNEY. Une mauvaise tête, sans doute?

DANIEL. Non, capitaine... brave comme un lion... mais désirant rester petit.

GAVROCHE. Pour te voir toujours plus grand que moi!...

LORD WARNEY. Comptez sur moi tous les deux!...

GAVROCHE. Accepté, mon capitaine... Daniel Richard, son frère Gavroche. — Un surnom créé par Victor Hugo! Ça doit me porter bonheur! (*A Daniel.*) Ça y est!... Tu épouseras la milady.

DANIEL. Tais-toi (*Lord Warney cause à voix basse avec les officiers et Daniel.*)

PANOTET, *allant à Gavroche.* Bonjour Claude?

GAVROCHE. Ah! Panotet!

LA MASCOTTE. Ici... toi, en habit?...

PANOTET. Oui... Oh! toute une histoire! Je suis au service de l'Anglais...

LA MASCOTTE. Contez-nous ça... (*Ils vont s'asseoir près du soupirail.*) Panotet au milieu, Wilder paraît au fond.

SCÈNE VII

LES MÊMES, GEORGES WILDER.

LORD WARNEY *apercevant Wilder, qui entre et le salue.* Ah! vous voici, Georges?

WILDER. Mon oncle!... ma cousine. — J'ai été averti, à Kélung, du danger auquel vous avez échappé; et j'accours...

WARNEY. Il me tardait de vous voir... pour vous présenter celui qui nous a sauvés. (*Il désigne Daniel.*)

WILDER, *s'inclinant froidement.* Monsieur...

LORD WARNEY. Monsieur... Cette froideur... Comment, je vous présente notre sauveur et vous ne trouvez rien de mieux à lui dire...

WILDER. En arrivant ici, capitaine, j'étais instruit déjà... Vous n'avez donc pas pu me surprendre... Quant à la reconnaissance que je dois avoir pour le lieutenant Daniel Richard, il sait combien je vous aime, capitaine; combien j'aime miss Lucy... et il doit croire que ma reconnaissance est égale à la vôtre.

LORD WARNEY. Il sait?... Ah! vous connaissez?...

WILDER. Nous nous sommes déjà trouvés vis-à-vis l'un de l'autre sur l'aviso « Éclair ».

LORD WARNEY. Ainsi que miss Lucy?... Eh! mais c'est de vous alors qu'elle m'a parlé...

LUCY. Oui mon oncle.

GAVROCHE. Elle lui a parlé... Ça va bien!... ça va bien!...

LORD WARNEY. J'aurais dû vous reconnaître au portrait qu'elle m'a fait du jeune officier de prévenances délicates. C'est un lien de plus entre nous, lieutenant.

GAVROCHE. Ça marche! J'vas me commander une cravate blanche!... (*Il recule et gauche près du feu, avec la Mascotte et Panotet.*)

DANIEL. Et miss Lucy est remise sans doute des émotions de son voyage?...

LUCY. Pas encore, monsieur Richard.

LORD WARNEY. La mort de ce pauvre Maxwell l'a frappée singulièrement...

WILDER, *à part.* Maxwell!...

LORD WARNEY. Cruelle catastrophe! qui m'a privé d'un excellent serviteur, mort au moment où il venait me rendre compte d'une mission dont je l'avais chargé et pour laquelle je l'avais envoyé en France. Il me faudra maintenant recommencer de nouvelles recherches.

WILDER. Vous avez manqué de confiance en moi, capitaine!... vous avez choisi un serviteur trop discret. Si j'eusse été instruit de tout... vous seriez maintenant au comble de vos vœux.

LORD WARNEY. Maxwell obéissait, sir Georges. (*Au commandant.*) Commandant, puisque je ne puis retourner à Kélung et que vous nous avez offert gracieusement l'hospitalité dans votre camp, jusqu'à ce que notre voiture soit réparée, vous me permettrez d'user de suite de votre bienveillance...

LE COMMANDANT. Vous êtes chez vous, capitaine. Que miss Lucy choisisse dans cette maison la chambre qui lui conviendra...

LUCY. Merci, commandant.

LE COMMANDANT. Lieutenant Richard, conduisez miss Lucy.

KATT. Master lieutenant, soldat, je admirai vô, il bétail une petite grande officier de bravoure. (*Lui prenant la main et la secouant plusieurs fois.*) Aoh! yes!... aoh! yes!... aoh! yes... (*Il rit.*)

GAVROCHE, LA MASCOTTE, *imitant Katt.* Oh! yes! oh! yes! oh! yes!...

DANIEL, *à Lucy.* Venez, miss. (*Ils sortent. Batterie du fourrier à l'ordre. Les officiers se réunissent au fond. Les fourriers entrent.*)

WILDER, *à part, regardant Lucy s'éloigner avec Daniel.* Je voudrais les rapprocher... Que faire?... Oh! si je pouvais l'écraser, ce lieutenant Richard! (*Le capitaine Warney donne des ordres à Panotet. Marcel Gervais paraît au fond près de la brèche, un ballot sur les épaules. La sentinelle lui barre le passage.*)

LA SENTINELLE. On ne passe pas! (*Le commandant regarde ce qui se passe.*)

MARCEL. Je ne suis pas un Chinois! —

Français, camelot, et je cherche à vendre ma pacotille aux compatriotes.

LE COMMANDANT. Laissez passer.

WILDER, à part. Marcel Gervais... Ah!...

MARCEL, sautant par dessus la brèche. Merci!.. mon commandant... (Il descend en scène.)

SCÈNE VIII

LORD WARNEY, WILDER, MARCEL, GAVROCHE, PANOTET, LE COMMANDANT, OFFICIERS, LA MASCOTTE, SOLDATS, puis, **UN SERGENT - MAJOR - VAGUEMESTRE,** puis **DANIEL.**

MARCEL. Merci en v'là une consigne! C'est pire qu'au Jardin des Plantes!... (Apercevant Wilder.) Le baronet!... (Wilder lui fait signe d'approcher.)

GAVROCHE. Encore un marchand de savon et de gilets de flanelle!... On ne voit plus que ça maintenant!... (Il a tiré de son sac une brosse et brosse ses souliers.)

MARCEL. Vous ici!

WILDER. Oui. Défais ton ballot... que notre entretien ne soit pas suspecté. (Panotet sort et le capitaine Warney remonte près des officiers.)

GAVROCHE. Est-ce que le rouget va se payer une paire de bretelles?

MARCEL, qui a défait son ballot. Voilà! Quoi de nouveau?... Vous avez l'air tout bouleversé!...

WILDER. Un hasard infernal a jeté le lieutenant Richard à la tête du capitaine Warney. Daniel lui a sauvé la vie.

MARCEL. Fichtre!... un joli cache-nez, milord.

GAVROCHE. Il devrait le garder pour lui.

WILDER. Comprends-tu? Lord Francis Warney, l'obligé de Daniel Qu'il sache un jour que son sauveur et l'enfant qu'il cherche ne font qu'un; et qu'il aime Lucy!... Elle est perdue pour moi... et ma fortune!...

MARCEL. Prend le même chemin. — De la cire à moustache...

GAVROCHE. J'ai envie de lui offrir de la cire à giberne!...

MARCEL. Alors, qu'est-ce que vous avez résolu?

WILDER. Il faut perdre le lieutenant Richard.

MARCEL. C'est difficile, (Le vaguemestre est entré et à quelques mots au commandant. — Celui-ci se détache du groupe des officiers et descend en scène accompagné du vaguemestre et de deux hommes armés portant des sacs.)

LE COMMANDANT, appelant. Lieutenant Richard?

DANIEL, paraissant au haut de l'escalier et descendant. Présent, mon commandant.

WILDER, à Marcel. Silence!

GAVROCHE. Ah! le vaguemestre! On apporte les picaillons pour le prêt!

LE COMMANDANT. Lieutenant, l'officier payeur ayant été tué à Kélung, vous êtes chargé momentanément de ses fonctions. (Il lui remet un pli cacheté.)

DANIEL. Bien, mon commandant.

GAVROCHE. Le fréroti officier payeur!

DANIEL, au vaguemestre. Vous avez les fonds?

LE VAGUEMESTRE. Si vous voulez encaisser?

DANIEL. Venez. (Il se dirige vers la maison avec le vaguemestre et suivi des hommes.)

GAVROCHE à Daniel, l'arrêtant. Eh bien, tu vois, v'là l'avancement qui commence. (Daniel entre dans la maison.)

WILDER, frappé d'une idée. Ah!

MARCEL, bas. Quoi?...

WILDER, bas. Plus tard, je m'expliquerai... Sois toujours à ma portée; mais que l'on ne te voie pas trop près de cette maison... Va!... (Il reste pensif.)

MARCEL, repliant son ballot. Allons, j'avais raison de penser qu'un jour nous boirions au même verre!... (Il sort par la gauche, troisième plan.)

GAVROCHE. Je me demande un peu si ces flâneurs-là ne feraient pas mieux de prendre un fusil.

LA MASCOTTE. Plutôt que de vendre des chaussettes...

WILDER, à part. Cet incident doit me servir!...

LORD WARNEY, aux officiers. Alors, messieurs, j'aurai bien trouvé parmi vous... L'amitié, le logement... et la table.

LE COMMANDANT. Oh! la table!... Je n'oserais dire qu'elle sera bien garnie, milord. (Daniel reparaît en scène avec Panotet. — A Gavroche.) Gavroche?...

GAVROCHE, s'avançant. Mon commandant...

LE COMMANDANT. Que peux-tu nous offrir à dîner?

GAVROCHE. Du thé, mon commandant!...

TOUS. Ah!

GAVROCHE. Si vous avez le rhum et le sucre, v'là l'eau chaude.

DANIEL. Comment! vous êtes aussi dépourvu que cela?...

GAVROCHE. Crédié! mon lieutenant, j'ai bien envoyé Jeanneton, Marguerite et Perpétue au marché.

LA MASCOTTE. Mais si elles allaient revenir le panier vide.

DANIEL. Impossible!... (Voix au dehors.)

GAVROCHE. Ça, c'est vrai!... sapristi... car j'entends mes jolies pourvoyeuses, et à leur façon de s'annoncer, je réponds qu'elles ont les mains pleines!... Place à ces demoiselles!...

SCÈNE IX

LES MÊMES, VA-DE-TRAVERS, LA RÉSERVE, MOULE-A-CLAQUES, VENT-EN-PANNE, CANTINIÈRES, SOLDATS, (Ils entrent de tous côtés, chargés de comestibles, en criant à tue-tête chacun ce qu'il apporte imitant le cri des marchands de Paris.) Puis LUCY, KATT, puis MARCEL. (La fenêtre s'ouvre, Lucy et Katt paraissent sur le balcon.)

VENT-EN-PANNE. La tendresse, la verdiresse!... Artichauts, des beaux artichauts...

VA-DE-TRAVERS. Chass'las! chass'las!... Du beau chass'las!...

MOULE-A-CLAQUES. Des choux, des poireaux, des carottes... Navets! navets!...

LA RÉSERVE. Sarresifis... des beaux sarresifis!...

KATT, applaudissant. Good! good!... Hurrah!

TOUS, la regardant. Ah! La botte d'asperges!... La botte d'asperges!...

GAVROCHE. Assez, les mathurins... de la tenue... et passez-moi les victuailles. (Il se met au milieu d'eux et prend les victuailles qu'on lui donne et qu'il place dans une manne.) Jambon fumé, poulet à la marengo, faisan rôti, artichauts à la barigoule, dorade sauce genevoise, macédoine de bourgeons de bambou!... salade et desserts

assortis!... Ah! mince alors!... Le menu va-t-il à ces messieurs?

TOUS. Parfait... Délicieux!...

GAVROCHE, aux soldats. Portez tout ça à l'office.

TOUS. Hein!

GAVROCHE. Soyez gentiment!... Vous traites la France et l'Angleterre!...

TOUS. Ah!

GAVROCHE. Mes officiers, passez au salon et vous me donnerez tout à l'heure des nouvelles du frichti!...

TOUS. Bravo!...

LORD WARNEY. Si nous allions fumer un cigare?

WILDER, avec intention. Et faire une partie en attendant, messieurs?

LE COMMANDANT. — TOUS. Volontiers...

LORD WARNEY. Montrez-nous le chemin, commandant. (Ils montent dans la maison.)

GAVROCHE, à Daniel. C'est ton dîner de fiançailles!... (A Panotet.) Toi, Panotet, première leçon de cuisine!... Va mettre le couvert!

PANOTET. J'ai vu des assiettes chinoises.

GAVROCHE. Parbleu!... En Chine! (Ils sortent avec Va-de-Travers qui emporte la manne chargée de vivres.)

SCÈNE X

LA MASCOTTE, LA RÉSERVE, VENT-EN-PANNE, VA-DE-TRAVERS, MOULE - A - CLAQUES, SOLDATS, MATELOTS, un **SOLDAT,** puis **MARCEL,** puis **PANOTET** et **GAVROCHE.**

LA RÉSERVE. Tout ça, c'est très gentil, mais que nous allons nous brosser le ventre, trou de l'air!...

LA MASCOTTE. Allons donc! Il nous en reste assez... Ou va confectionner une soupe à l'oignon, et avec un morceau de jambon, ça fera l'affaire!

VENT-EN-PANNE. Va pour la soupe à l'oignon!

LA MASCOTTE. Alors... qu'on me déshabille!...

LA RÉSERVE. Avec plaisir.

LA MASCOTTE. Les légumes, imbécile! (Marcel paraît au premier plan à gauche.)

MOULE-A-CLAQUES. Et du beurre!...

LA MASCOTTE. Tiens! v'là le camelot, demande-lui s'il n'a pas une motte d'Isigny dans son sac.

MARCEL. Une camisole de coton à vot' service!...

LA MASCOTTE. Ciampin! ça n'a que des choses inutiles!...

UN SOLDAT, entrant. Parfait. V'là du saindoux de la part de Gavroche. (Va-de-Travers rentre en scène.)

TOUS. Bravo!...

PANOTET, paraissant à la fenêtre au-dessus du soupirail. Dites donc, messieurs les militaires?...

TOUS. Qu'est-ce qu'il y a?...

PANOTET. Mais ils étoufferont, les officiers!... tant à manger et rien à boire.

GAVROCHE, paraissant au soupirail et faisant partir une bouteille de champagne dont le bouchon frappe le nez de Panotet. Et ça donc!...

TOUS. Du champagne!... (Gavroche boit.

LA RÉSERVE. Pour les officiers?...

GAVROCHE. Et pour nous. — L'effectif est au grand complet ! — Descends par ici, Panotet. — Et vous les mathurins, attrapez-moi ces demoiselles par la taille !... (Les soldats prennent les bouteilles que leur passe Gavroche et de main en main, on les passe à la mascotte.)

MARCEL, à part. Ingénieux, ce gamin-là. — Le soupirail est large, et si l'on avait jamais besoin de s'introduire dans la maison, voilà un chemin qu'il s'est donné la peine de me montrer fort à propos !

GAVROCHE. N, i, ni, la cave est à sec. (Il disparaît.)

LA MASCOTTE. Et la soupe est prête !...

MOULE-A-CLAQUES. Hum ! Ça sent la bécasse...

LA MASCOTTE, à Marcel. Dites donc, vous, le marchand de chaussettes, si le cœur vous en dit ?...

MARCEL. Tout de même.

LA MASCOTTE. Eh bien, avancez à l'ordre... (On lui donne une gamelle de soupe. Il passe à droite en la mangeant.)

LA RÉSERVE. Ah ! mes petchoums... Il manquera quelque chose avec le jambon !...

TOUS. Quoi donc ?

GAVROCHE, entrant avec une manne pleine d'œufs. Ceci, parbleu !... Cocorico ! (Panotet le suit.)

TOUS. Des œufs...

GAVROCHE. De quoi faire une omelette moustre !

TOUS. Vive Gavroche !...

LA RÉSERVE. Et en attendant l'omelette, un coup de rigolade, mes enfants ! Espère mes bons !... Gavroche va nous envoyer la Légende de Normandie !...

TOUS. Oui !... oui, la Légende.

GAVROCHE. Eh bien, alors... attention, les instrumentistes !...

AIR NOUVEAU DE M. GEORGES ROSE.

I

C'était, raconte la Légende.

TOUS.
Ya, Mein Herr, et jambon farci.

GAVROCHE.
Dans une bourgade normande,
Messieurs, que ça passait ceci.

TOUS.
Ya, Mein Herr, et jambon farci.

GAVROCHE.
Un coq à l'allure coquette,
A triple crète, à l'œil coquin,
Dans un charmant petit chemin
S'en allait la queue en trompette.
Cherchant et dévorant du grain ;
Lorsque Coq entendit soudain :
Cot, cot, cot, cot, coi, cot, cot.
Colèque,

TOUS.
Cocorico.

GAVROCHE.
Une poule par un mor
Qui picote,
Cotte, cotte,
Une poule sur un dur,
Qui picote du puin dur,
Picoti, picota.
Lev' la cotte
Cotte, cotte
Picoti, picota.
Lev' la cotte et puis t'en va !

TOUS.
Picoti, picota,
Lev' la cotte, cotte
Cotte
Picoti, picota
Lev' la cotte
Et puis t'en va !

GAVROCHE (parlé).

Gauche, droite, gauche, droite ! Halte !...

GAVROCHE.
II
La poulette était gentillette.

TOUS.
Ya, Mein Herr et jambon farci ?...

GAVROCHE.
Le coq lui dit : Chère poulette,
Pourquoi pleurer par ici ?

TOUS.
Ya, mein herr et jambon farci.

GAVROCHE.
A déjeuner, viens, je t'invite.
Nous irons chez le mastroquet
Ensemble manger un croquet
Avec une cervelle frite !...
Dans un tout petit cabinet !
Acceptant la poule faisait !...
Cot, cot, etc.

GAVROCHE.

III

Le coq était un peu drôle.

TOUS.
Ya, Mein Herr, et jambon farci.

GAVROCHE.
Car il arrosa la cervelle
D'un bon vieux vin de Beaugency.

TOUS.
Ya, Mein Herr et jambon farci.

GAVROCHE.
Et l'on dit qu'un jour la coquette
Qui se parfumait de bobert
Dans un joli poulailler neuf
Où coq le tenait en cachette,
Pondit avec amour un œuf,
Mais qui de coquille était veuf.
On danse sur le refrain. Tous les officiers se sont mis aux fenêtres, ainsi que Kati, Lucy et Panotet.

TOUS, le verre à la main ! Bravo ! bravo !... (Les cantinières versent aux soldats.)

LORD WARNEY. Des lions dans la mêlée !... Des enfants après la bataille !...

LE COMMANDANT. Voilà nos soldats !

LORD WARNEY. A votre santé, mes braves !

TOUS. A la vôtre, mon capitaine !...

WILDER, à Marcel. Ne t'éloigne pas...

MARCEL. Compris. (Les officiers sont rentrés et ont fermé les fenêtres. Marcel disparaît à gauche.)

GAVROCHE. La dinette est terminée, n'est-ce pas ?...

TOUS. Oui, oui !...

GAVROCHE. Alors, faut songer à passer dans la chambre à coucher. La main aux dames. (Il prend la main de la Mascotte. Les soldats se placent deux par deux et font le tour de la marmite en reprenant le refrain de la chanson, puis ils viennent se placer à l'endroit où ils ont placé leurs couvertures.) Nous voilà dans le dortoir ! — Appartement complet !

MOULE-A-CLAQUES. Eh ben, où sont les lits ?

VONT-EN-POSSE. Voilà ! (Il montre sa couverture.)

LA RÉSERVE. Voilà le dessus, bagasse ! Mais le dessous ?

GAVROCHE. Si ça ne fait pas suer !... Faut des matelas à ces messieurs !... Passez à l'écurie, si le foin manque, vous y trouverez de la paille !...

TOUS. Où ça ?

GAVROCHE. Derrière la maison.... Allez-y.

TOUS. Pas gymnastique. (Ils sortent. Au moment où Gavroche va les suivre, Daniel paraît et l'appelle.)

SCÈNE XI

LA MASCOTTE, GAVROCHE, DANIEL.

DANIEL. Claude ! La nuit commence à venir.

GAVROCHE. Ah ! c'est toi, frérot ! Eh ben qu'est-ce que vous faites, vous, là-haut ?

DANIEL. On joue.

GAVROCHE. Et tu t'en es mis ?

DANIEL. Par un sot orgueil.

GAVROCHE. T'as bien fait.

LA MASCOTTE. Parbleu...

DANIEL. Oui... mais j'ai perdu.

GAVROCHE. Ça, t'as eu tort... Alors y aura une brèche à nos économies ?...

DANIEL. Quatre mille francs !...

GAVROCHE. Ate ! ate !... C'est plus une brèche ! c'est rasé à fleur de peau.

LA MASCOTTE. Tout y passera !...

DANIEL, fiévreux. Ah ! je te le disais bien, un sot orgueil... On devient fou !... On voit de la raillerie dans tous les yeux, on a près de soi un homme que l'on déteste... et...

GAVROCHE. Et on se fait rincer... On dit quelquefois : Le vin est tiré... hum ! Celui-là gratte diantrement le gosier !... Là, c'est passé !

DANIEL. Quelle leçon, frère !

GAVROCHE. Oui, oui, je te connais... la morale serait superflue... assez causé. Remonte... qu'on ne s'aperçoive pas de ton absence ! Finance et dis-toi... J'arrête les frais ! Tu t'en veux encore ? Va donc, bêta ! ça ne te rendrait pas un monaco. Allons, va ! va !

DANIEL. Oh ! Claude.

GAVROCHE. Va donc ! (Daniel remonte à la mascotte.) Dis donc, la biche, not' repas de noce et les violons !

LA MASCOTTE. Nous ferons un pique-nique et on se contentera d'une clarinette et d'une grosse caisse.

GAVROCHE. T'es philosophe ! A la bonne heure !... — Et maintenant, à la botte avec les camarades ! (Ils sortent en courant.)

SCÈNE XII

MARCEL, puis WILDER.

MARCEL, paraissant. Il paraît que ce bon sir Carotte a trouvé le moyen qu'il cherchait... (Wilder paraît sur le balcon.) Ah ! le voici.

WILDER, descendant l'escalier. Tu es seul...

MARCEL. Oui... Vous avez trouvé ?

WILDER. Un plan merveilleux... On a joué et le lieutenant Richard a perdu quatre mille francs.

MARCEL. Et il n'a pas payé ?

WILDER. Si fait, sur-le-champ, et c'est heureux !

MARCEL. Je ne comprends pas... Il a joué, il a perdu, il a payé !... Que voyez-vous de si heureux pour nous là-dedans !...

WILDER. Sait-on où il a pris cet argent ?

MARCEL. Dans sa poche, parbleu !...

WILDER. Oui... Mais ne peut-on croire qu'il l'a pris dans cette caisse que le vaguemestre vient de remplir et dont la clef lui a été confiée ?

MARCEL. Humf... très forts en Irlande... Mais alors il faudrait qu'on trouve de moins, dans cette caisse, la somme qu'il a perdue ?

WILDER. Cela dépend de toi... Réussis et alors, je serai le premier à dire au capitaine Warney : Voilà celui que vous cherchez.

MARCEL. C'est de premier ordre cela... Il ne

s'agit plus que de mettre la main sur le magot, mais la maison est pleine...

WILDER. Mon oncle, ma cousine, Katt et Pamela seuls y resteront cette nuit. Les officiers français et moi, nous irons loger dans l'habitation qui se trouve de ce côté du parc... (*Il désigne la gauche.*)

MARCEL. Mais, lui ?...

WILDER. Il reste, mais s'éloignera lorsque viendra son tour de ronde.

MARCEL. Il y aura un factionnaire à cette porte. (*Il désigne l'habitation.*)

WILDER. Oui, au dehors; mais pour pénétrer dans la maison...

MARCEL. Par le soupirail !... Quand je disais que ça pourrait servir !... Mais l'heure de la ronde ?...

WILDER. Je le saurai... et t'en informerai.

MARCEL. De quelle façon ?...

WILDER, *remontant au fond et désignant un pan de mur où se trouve une brèche plus grande que les autres.* Tiens... entre ces deux pierres du mur démantelé qui nous font une excellente cachette... je mettrai... un papier sur lequel j'aurai écrit.

MARCEL. Ah! toujours la même faute, la manie d'écrire ! Apprenez-moi l'heure avec ce qui sert à la faire savoir... Votre montre...

WILDER. Ma montre !

MARCEL. Elle peut à la fois me servir d'indice et de récompense... Quand vous saurez l'heure du tour de ronde du lieutenant, un petit tour de clef... à droite... l'aiguille fixée sur le point... Un autre tour... à gauche... Crac!... le ressort est cassé, la montre ne bouge plus... Vous la mettez dans le trou... Je la trouve, pas moyen de prendre une heure pour une autre... et c'est plus simple que l'écriture... Vous hésitez? allons donc !... Je sais bien que le bijou est précieux... un travail d'art... des diamants, des bibelots peu communs... Mais perdre un rival... retrouver à la fois sa femme et sa fortune !... la fortune de votre oncle... Ça doit bien valoir tout un magasin d'horlogerie... — Vous en achèterez une autre !... Je vous en vendrai, moi !...

WILDER. Eh bien, c'est dit ; ne t'éloigne pas.

MARCEL. Pas de risque !... Seulement, je veux me montrer le moins possible; autant pour vous que pour moi... (*Il saute par-dessus la brèche du fond et disparait, Wilder redescend en scène. Warney et les officiers sortent de la maison.*)

SCÈNE XIII

WILDER, LORD WARNEY, DANIEL, LE COMMANDANT, OFFICIERS, (*Nuit complète.*) UN FOURRIER.

LORD WARNEY, *à Wilder.* Comment, vous nous avez abandonnés, Georges ?...

WILDER. Oui, mon oncle... Cette mauvaise veine du lieutenant Richard... me donnait des envies de jeter les cartes par les fenêtres...

LORD WARNEY. Le fait est que je n'ai jamais vu une chance contraire aussi obstinée.

DANIEL. Le jeu est une chose fatale !... J'avais sans doute besoin d'une leçon, milord, celle-ci est forte, j'en profiterai ! — Je ne jouerai plus, je ne jouerai jamais !... (*Il remonte vers le fond.*)

WILDER, *à lord Warney.* Je me reproche cette partie, c'est moi qui en ai donné l'idée...

LE FOURRIER *entrant, à Daniel.* Mon lieutenant ?...

DANIEL. Quoi, fourrier ?...

LE FOURRIER. Je viens de distribuer les tours de ronde.

DANIEL. A quand le mien ?...

LE FOURRIER. A deux heures, mon lieutenant.

DANIEL. Merci. (*Le fourrier sort.*)

WILDER, *à part.* Deux heures !... (*Il se met à l'écart, on le voit briser le ressort de sa montre après avoir fixé l'aiguille sur l'heure indiquée, puis aller la placer à l'endroit convenu.*)

LORD WARNEY, *aux officiers.* Maintenant, messieurs, bonne nuit.

LE COMMANDANT. A demain, capitaine.

LORD WARNEY. A demain, messieurs... (*Les officiers sortent à gauche... Voix au dehors.*)

WILDER. Ah! monsieur Daniel. Voici vos diables qui reviennent du fourrage... Bonsoir, lieutenant, bonsoir, mon oncle !...

LORD WARNEY. Bonne nuit, sir Georges.

WILDER. Je crois qu'elle sera bonne. (*Il sort à gauche avec les officiers. — On place des sentinelles.*)

SCÈNE XIV

GAVROCHE, LA MASCOTTE, LA RÉSERVE, VENT-EN-PANNE, VA-DE-TRAVERS, MOULE-A-CLAQUES, CANTINIÈRES, SOLDATS. *Tous entrent portant chacun une botte de paille, chantant:*

La botte à coco,
Sans un morceau,
V'là qu'est rigolo,
La botte à coco.

GAVROCHE. Retournez vos matelas et remuez la paillasse! Faites vos lits !...

MOULE-A-CLAQUES. De la plume de cygne! (*Ils font leurs lits et se couchent.*)

GAVROCHE, *à lord Warney.* Milord, bon sommeil. Bonsoir, frérot.

DANIEL. Bonsoir, frère. (*Daniel et lord Warney sortent.*)

GAVROCHE, *donnant une couverture à la Mascotte.* Vous, mam'selle Denise, allez vous coucher, sans vous commander... (*Il l'embrasse.*) Bonne nuit...

LA MASCOTTE. Bonne nuit. (*Elle sort avec trois autres cantinières.*)

SCÈNE XV

LES MÊMES, MARCEL.

MARCEL *parait au fond, prend la montre dans les pierres et la regarde. Deux heures !... très bien! A compter sur la somme promise.* (*Il met la montre dans sa poche et disparait derrière la maison.*)

GAVROCHE, *couché.* L'extinction des feux !...

TOUS, *en sourdine.*

Une poule sur un mur... etc.

L'orchestre répète l'air en sourdine. Marcel parait au premier plan de droite, près du soupirail.

GAVROCHE. Les bougies sont soufflées... Ne soufflons plus !... et du calme... Il s'agit de ne pas ronfler... Ça éveille les autres.

MARCEL, *s'essuyant près du soupirail.* Nous, il s'agit de ne pas dormir... (*Le clairon sonne au loin l'extinction des feux.*) — *Le rideau baisse.*

TROISIÈME TABLEAU
Aux arrêts

Une chambre de l'habitation vue précédemment. Au fond, une fenêtre s'ouvrant sur un balcon donnant sur la campagne. Porte à droite, en pan coupé. Canapé de bambou à droite. A gauche, une table chargée de papiers et de registres. Porte à gauche. Il fait grand jour au dehors. Une lampe brûle sur le bureau. Des feuilles détachées d'émargement se trouvent sur une chaise près du canapé.

SCÈNE I

DANIEL, *puis* GAVROCHE

Daniel est étendu sur le canapé. Il dort. Au lever du rideau, on entend frapper deux coups à la porte, puis, après un instant de silence, deux autres coups. Enfin, la porte s'ouvre.

GAVROCHE, *passant la tête.* Qui ne dit mot consent... (*Il entre et vient près du canapé.*) Nous dormons, c'est juste !... Après la ronde de deux heures qui nous a mené jusqu'au jour, nous avons eu à prendre connaissance des états du capitaine-trésorier... et à faire le décompte. (*Apercevant la fenêtre ouverte.*) La fenêtre grande ouverte !... Il me semblait l'avoir bouclée hier !... Le vent de ce pays ne vous demande pas de permission. (*Il ferme la fenêtre.*) Dormez, mon lieutenant, réparez vos forces et prenez-en d'autres !... (*Il passe derrière le bureau pour éteindre la lampe. En revenant, au-dessus du bureau, il aperçoit quelque chose à terre, près du pied.*) Qu'est-ce que c'est que ça ?... (*Il se baisse et ramasse un cachet.*) Tiens, c'est joli. Je m'y connais !... Le bijoutier n'est pas mort, sous la veste du tapin... c'est rudement ciselé !... Ce lion vous a une frimousse !... Je ne connaissais pas ce bibelot-là à Daniel ! Que je suis bête !... ce ne doit pas être à lui... Le propriétaire d'océans aura acheté ce bijou-là en France, et ce sera compris dans le déménagement. Ah! c'est cassé !... l'anneau est brisé du haut. C'est crânement touché ça !... Il n'y a pas à dire ! voilà un cachet qui n'en manque pas !... (*Le mettant dans sa poche.*) Bon pour le soldat! Si on vient le réclamer, je le rendrai !... Oh! toujours !... Pauvre frérot! Il rêve peut-être à ces maudites cartes !... En v'là une invention que le jeu! Enfin, c'est fait !... c'est fait !... nous rattraperons tout ça après la campagne. Je reprendrai ma place à l'établi ; Daniel, lui, deviendra capitaine ou colonel. Il est de la graine !... et monsieur Claude Richard fera sauter sur ses genoux les enfants du général.

SCÈNE II

LES MÊMES, LA MASCOTTE

LA MASCOTTE, *qui est entrée sur les derniers mots.* Et les nôtres...

GAVROCHE. Chut !... hein ?... Comment! c'est vous, mademoiselle... le matin, dans la chambre de ce jeune homme ?...

LA MASCOTTE. Puisque tu y es !

GAVROCHE. Et d'un jeune homme pas levé !... ça ne s'est jamais vu... en Chine.

LA MASCOTTE. Oh! Il ne sera pas long à se jeter à bas du lit, surtout lorsqu'il saura la visite que je vais lui annoncer.

DANIEL, *que l'entrée de la Mascotte a réveillé.* Une visite?

GAVROCHE. Oui, mon lieutenant... Un monsieur et deux dames... mais il y en a une qui ne compte pas.

GAVROCHE. L'Asperge ?

DANIEL. Lord Warney ?

WARNEY, *entrant avec miss Lucy et Katt.* Eh oui, lieutenant !...

SCÈNE III

DANIEL, GAVROCHE, LORD WARNEY, MISS LUCY, *puis un* SERGENT-MAJOR.

DANIEL. Milord... miss Lucy... vous daignez...

LORD WARNEY. Vous déranger.

MISS LUCY. Nous venons vous faire nos adieux, monsieur Daniel...

DANIEL, *offrant des sièges.* Vous partez ?...

LORD WARNEY. Il le faut bien.

GAVROCHE, *à la Mascotte*. Ah ! s'il y avait un bataillon comme ça dans l'infanterie de marine.

LA MASCOTTE. Faudrait vous porter sur l'état de la compagnie, vaurien !...

GAVROCHE. Tais-toi et filons. (*Ils sortent à gauche.*)

DANIEL. Votre équipage est-il donc réparé, capitaine ?

LORD WARNEY. Sir Georges en surveille les réparations indispensables !... et nous reprendrons bientôt la route de Tamsui.

DANIEL. Mais c'est courir au-devant de nouveaux dangers !... c'est vous exposer et exposer miss Lucy...

LORD WARNEY. Que voulez-vous ?.. je le mettrais aux arrêts, qu'elle ne les respecterait pas...

MISS LUCY. Oh ! je ne vous quitterai pas, je ne vous quitterai jamais.

LORD WARNEY. Vous l'entendez... Mais, cette fois, nous prendrons nos précautions.

KATT. Oh ! yes ! je bavais une petite revolver ! (*Elle tire de sa poche un revolver énorme. On rit.*)

MISS LUCY. Mon oncle est encore souffrant, monsieur Daniel, et de graves affaires l'appellent en France. Il faut donc que nous quittions ce pays... Mais, avant de nous éloigner, j'ai voulu vous témoigner encore une fois toute ma reconnaissance... et vous dire combien je vous bénis de m'avoir conservé mon bienfaiteur, mon second père.

LORD WARNEY. Chère enfant !

KATT. Aoh ! yes... ce bétail verywell siongerbe !..

LORD WARNEY. A Tamsui, je m'embarquerai pour Saïgon... où je trouverai le vaisseau-amiral commandant notre escadre... et j'obtiendrai le congé qui m'est indispensable.

DANIEL. Miss Lacy doit-elle donc s'embarquer, elle aussi, pour Saïgon ?...

LORD WARNEY. Non... Sir George nous accompagne, et il attendra mon retour à Tamsui avec sa cousine.

DANIEL. Ah ! le baronnet !.... je comprends !... sa protection est acquise à miss Lucy, sa cousine et... il me semble aussi, sa fiancée ?...

MISS LUCY, *vivement*. Oh ! non... non... monsieur Richard.

LORD WARNEY. Est-ce que sir Georges vous a dit ?...

DANIEL. Du moins, j'ai cru comprendre...

LORD WARNEY. Non !... ce projet a été le mien, en effet, mais il y a longtemps...et depuis... un autre... (*A lui-même.*) Pauvre Maxwell ! tu n'es plus là pour m'aider à l'accomplir !...

DANIEL, *bas à Lucy*. Ainsi, vous partez?... je ne vous verrai plus ?...

MISS LUCY. Demandez à nous revoir.

DANIEL, *à lord Warney*. Milord, puisqu'un heureux hasard, que je dois bénir, nous a placés vis-à-vis l'un de l'autre, ne puis-je espérer ?...

LORD WARNEY. Que nous nous reverrons ? Mais j'ai trop à me féliciter d'avoir fait votre connaissance pour ne pas le désirer.

DANIEL. Oh ! ce n'est pas cela que...

LORD WARNEY. Je le sais... mais si vous oubliez le service éminent que vous m'avez rendu, je me plairai toujours à m'en souvenir. Lors de notre retour en France, si j'y suis encore, j'irai vous serrer la main; si vous venez à Londres, mon hôtel de Portland-Square ouvrira ses portes à deux battants pour vous recevoir, mon jeune ami. (*Il lui tend la main.*)

KATT. All right.

DANIEL. Oh ! milord !... (*A miss Lucy qui lui tend la main.*) Ah ! miss !

MISS LUCY, *bas*. Partout où je serai, je vous attendrai... (*Daniel embrasse la main de Lucy.*)

UN SERGENT-MAJOR, *entrant*. Lieutenant ?

DANIEL. Que voulez-vous ?

LE SERGENT-MAJOR. Ce sont les officiers qui font demander à quelle heure ils devront se présenter pour émarger.

LORD WARNEY, *à Daniel*. Vos comptes sont faits ?

DANIEL. Parfaitement, capitaine.

LORD WARNEY. Alors, ne vous gênez pas pour nous... nous vous laissons.

DANIEL, *au major*. Dites à ces messieurs qu'ils viennent. (*Le major sort.*)

LORD WARNEY. Au revoir donc, lieutenant... au revoir... (*Wilder entre vivement.*)

SCÈNE IV

DANIEL, LORD WARNEY, WILDER, MISS LUCY, KATT, puis LE SERGENT-MAJOR, LE CAPITAINE ADJUDANT-MAJOR, UN OFFICIER, OFFICIERS, puis LE COMMANDANT, L'ADJUDANT.

WILDER. Où allez-vous donc, mon oncle ? (*Il salue Daniel qui va se mettre à son bureau.*)

LORD WARNEY. Mais nous partons.

MISS LUCY. Notre voiture n'est-elle point réparée ?...

WILDER. Le dommage, belle cousine, était plus grand qu'on ne le supposait ; le travail demande encore quelques instants...

LORD WARNEY. Diable soit !..

WILDER. Pas d'impatience, cher oncle, je vous le répète, il ne s'agit que d'un retard de quelques instants...

LORD WARNEY. Allons ! il faut bien se résigner. (*A Daniel.*) Vous nous accorderez bien encore un quart d'heure d'hospitalité, lieutenant ?

DANIEL. Je suis trop honoré, milord. (*Il se rassied, ouvre sa caisse et se met à compter son argent.*)

WILDER, *à part*. J'ai retardé le départ... Attendons maintenant. (*Le sergent-major entre et fait un signe aux officiers qui sont au dehors. Les officiers paraissent sur le seuil, mais font un mouvement de recul en voyant lord Warney et miss Lucy.*)

DANIEL, *se retournant au bruit*. Entrez, entrez, messieurs... Lord Warney veut bien permettre...

LORD WARNEY. Certes, messieurs... et je pense que les amis d'hier ne me traiteront pas en étranger aujourd'hui. (*On serre la main de lord Warney.*)

LES OFFICIERS. Milord... Mademoiselle...

LORD WARNEY. Nous sommes venus faire nos adieux au lieutenant Richard.

DANIEL, *qui a compté les billets et les rouleaux d'or qui se trouvaient dans sa caisse, se lève avec une grande émotion*. Eh bien !

LORD WARNEY. Quoi donc ?

DANIEL. Rien, m'lord, rien !

WILDER, *à part*. Marcel a réussi...

DANIEL, *comptant toujours*. J'aurai mal compté.

LE CAPITAINE, *s'approchant*. Qu'y a-t-il donc, lieutenant ?

DANIEL, *à lui-même*. Non ! cette somme manque!...

TOUS. Hein ?

DANIEL, *à lui-même, cherchant et ouvrant l'un après l'autre, les tiroirs de son bureau*. Rien dans ce tiroir... D'ailleurs, je n'aurais pas mis... Non ! après avoir compté l'argent du vaguemestre... Rien dans celui-ci !.. J'ai tout serré dans le même !... La clef ne m'a pas quitté !

MISS LUCY, *inquiète*. Monsieur Daniel ?

DANIEL. Oh ! c'est impossible, je retrouverai !...

LE CAPITAINE ADJUDANT-MAJOR, *au sergent-major*. Prévenez le commandant. (*Le sergent-major sort.*)

LORD WARNEY. Il vous manque de l'argent ?

DANIEL. Milord !... j'ai la tête en feu... Je ne retrouve pas...

WILDER. Etes-vous bien certain de la somme qui vous a été comptée ? (*Lucy remonte vers son oncle.*)

DANIEL. Parfaitement.

LORD WARNEY. Il vous manque ?

DANIEL. Quatre mille francs...

LE COMMANDANT, *qui vient d'entrer*. Quatre mille francs. (*L'adjudant paraît.*)

DANIEL. Oui, mon commandant.

LE COMMANDANT. Une pareille somme !...

WILDER. Juste, je crois, celle que vous avez perdue hier.

DANIEL, *avec force*. Monsieur !

WILDER. Par bonheur, votre honneur est inattaquable ! mais un autre à qui pareille aventure serait arrivée... Ce jeu fatal, cette somme d'égale valeur !... Je me réjouis pour ma part que le soupçon même ne puisse vous atteindre.

DANIEL. Ah ! sir Wilder !

WILDER. Qu'avez-vous donc, monsieur ?... Je vous défends !

MISS LUCY. Comme un autre accuserait...

LORD WARNEY. Lucy !

LE COMMANDANT, *sèchement*. Lieutenant, je ne vous accuse ni ne vous défends moi... mais j'ai le droit de vous demander.

DANIEL. Commandant, en effet, hier, je me suis laissé entraîner... mais si j'ai perdu... ces messiers en sont témoins, j'ai payé sans les quitter d'un instant...

WILDER. Pardon, lieutenant, vous êtes sorti.

DANIEL. Sorti ?... oui.. pour demander à mon frère Claude... — Cet argent était à moi comme à lui ; et pour en disposer...

LE COMMANDANT. Vous aviez à votre service une somme aussi forte ?

DANIEL. Mon Dieu ! Est-ce que vous allez croire ?

LE COMMANDANT. Je ne savais pas que vous étiez joueur, et je crains que vous ayez singulièrement payé la confiance que l'on a eu en vous ?

DANIEL. Oh !

MISS LUCY. C'est impossible.

KATT. Shoking !..

LORD WARNEY. Venez, ma nièce.

DANIEL. Milord !.. Vous.. vous aussi vous me laissez... Que suis-je donc à vos yeux ?

MISS LUCY. Mon oncle !.. lui, votre sauveur.

LORD WARNEY. Silence.

LUCY, *à Daniel*. Mais défendez-vous donc monsieur.

DANIEL. Que voulez-vous que je dise ?

LE COMMANDANT, *aux officiers*. Messieurs, je dois faire mon rapport.

UN OFFICIER. Pardon commandant... Pour l'honneur du régiment, ceci doit rester entre nous. Qu'un instant de folie, sans doute, ne soit pas puni à l'égal d'un crime.

DANIEL. Un crime !

L'OFFICIER. Nous vous en prions tous commandant!...

DANIEL. Un crime! Les officiers sont passés près de lord Warney. Après un silence marqué, chacun va déposer un billet de banque dans le tiroir du bureau Wilder fait comme eux, en l'apercevant Daniel et Lucy reculent d'épouvante.

LORD WARNEY, plaçant à son tour des billets dans le bureau. Vous n'avez pas joué... Vous n'avez pas perdu... (Le sergent major entre vivement et parle bas à l'adjudant).

DANIEL, égaré. Et alors je n'ai pas volé, n'est-ce pas? Lord Warney s'éloigne sans répondre et miss Lucy cache sa tête dans ses mains. Coup de canon au loin).

L'ADJUDANT. Mon commandant les avant-postes sont attaqués.

LE COMMANDANT, tirant son épée. Aux armes messieurs!

TOUS. Aux armes!

DANIEL, prenant son sabre. Ah! j'ai du moins encore le droit de me faire tuer. (Il va pour s'élancer au dehors).

LE COMMANDANT, l'arrêtant. Lieutenant, vous garderez les arrêts.

DANIEL, reculant terrifié. Les arrêts!

LORD WARNEY. Un homme n'a plus qu'une ressource, celle-ci: se faire casser la tête à la première rencontre... (Les officiers sortent). Venez sir Georges. (Il sort avec Lucy).

KATT. Aoh! épouvantable!... (Elle sort).

WILDER, sur le seuil de la porte. Maintenant cher oncle, demandez-moi le nom de celui que vous cherchez, je vous le dirai... (Il sort).

SCÈNE V
DANIEL, seul

DANIEL. Seul!... seul!... Oh mon Dieu! est-ce que je ne fais pas un horrible rêve? c'est devant tous... c'est devant tous, qu'ils m'ont accusé... non! non! pas d'accusation... une pitié méprisante!... Et je dois obéir encore à leurs ordres... et il me faut rester ici, lorsque là-bas!... (coups de feu. La fenêtre du fond poussée violemment s'ouvre et Gavroche paraît, le fusil en bandoulière. Il saute dans la chambre.)

SCÈNE VI
DANIEL, GAVROCHE

DANIEL. Claude!...

GAVROCHE, pouvant à peine parler. Frère que fais-tu là?

DANIEL. Ah! Claude!

GAVROCHE. J'étais dans les rangs!... un mot a circulé. Aux arrêts... Aux arrêts, toi?... ça m'a étranglé, je ne me suis pas amusé à leur demander pourquoi? c'est à toi que je suis venu... à toi qui vas me dire?...

DANIEL. Quoi?...

GAVROCHE. Qu'ils ont menti... parbleu! voyons, parle... qu'est-il arrivé?

DANIEL. La caisse du régiment forcée!

GAVROCHE. Forcée!... et on t'accuse?

DANIEL. Je suis déshonoré!

GAVROCHE. Déshonoré... toi?...

DANIEL. Oui, moi, frère, ils te interrogent les... Ils te répondront: Le lieutenant Daniel Richard est un voleur!

GAVROCHE. Un vol...

DANIEL. Et ils te mentiront! pas à toi m'accuse, tout me condamne! Va-t'en, laisse-moi! Qu'importe que tu me croies, que tu me saches innocent, si les autres!...

GAVROCHE. Qu'importe? oh! tu perds la tête! Qu'importe! quand il s'agit de l'honneur, non pas du nôtre... mais de celui du père.

DANIEL. Mon père! Claude!

GAVROCHE. Ah! Je ne suis pas un soldat devant son officier... Je suis un frère, demandant des comptes à son frère!...

DANIEL. Je suis un joueur... j'ai perdu!... Ma caisse est vide... c'est là que j'ai pris l'argent!...

GAVROCHE. Qu'est-ce que tu dis?... C'est pour cette perte au jeu!...

DANIEL. Oui...

GAVROCHE. Et tu ne leur as pas dit que le magot était à nous?... Tu ne m'as pas pris à témoin?...

DANIEL. Est-ce qu'ils pouvaient me croire?...

GAVROCHE. Oh! il faudra bien cependant qu'ils le croient. Viens!...

DANIEL. Je suis aux arrêts!...

GAVROCHE. Eh! je m'en fiche pas mal, de tes arrêts... Il s'agit du nom de notre père... Et la vieille grand'mère!... Ton deshonneur la tuerait!... (Coups de feu). Tiens, entends-tu? Voilà de la poudre qui les brûle, tes arrêts!...

DANIEL. Ils me chasseront de leurs rangs!...

GAVROCHE. Allons donc!... Un voleur ne peut être qu'un lâche! Viens mourir tous les deux pour leur prouver que nous sommes d'honnêtes gens!...

DANIEL, prenant un fusil. Eh bien, oui... Viens!... Quand je serai tué, elle ne se dira pas: C'était un misérable! Il a volé.

GAVROCHE. Volé!... Oui, Il y en a un qui a volé!... Mais qui?... Ciel de Dieu!... Comment n'y ai-je pas songé. (Tirant de sa poche le cachet qu'il a trouvé.) C'est cela sans doute à qui appartenait ce bijou. Allons Daniel, nous sauverons ton abattu! Viens, nous trouverons le voleur. Viens, frère... viens sauver l'officier en te battant en soldat. (Ils s'élancent vers le fond. Coups de feu. Gavroche recule.) Ah!

DANIEL. Blessé!...

GAVROCHE. Oui, blessé!... Ce n'est rien. (Il veut marcher et chancelle.) Ah! tonnerre de chien! Je ne puis pas... blessé! Et pendant ce temps-là, on se bat sans moi... et ton voleur s'échappe... Ah! père! père! pardonne-moi... Je ne puis sauver ton fils... (Il tombe, Daniel le soutient. Coups de feu. Le rideau baisse.)

QUATRIÈME TABLEAU
La sainte Lucie

Un grand atelier couvert et vitré dans toute la largeur du fond. Cet atelier attient, à gauche, à une maison d'habitation, à droite, à un mur. La couverture de l'atelier est percée de larges fenêtres à tabatières. On arrive à la porte de l'habitation de gauche par un escalier de trois marches, à rampes en fer. Fenêtre au deuxième plan. A droite, au quatrième plan, un cabinet en saillie avec porte et fenêtre s'ouvrant sur l'atelier. Au premier plan, une petite forge et une enclume. Au fond, aux portes à deux vantaux vitrée, s'ouvrant sur l'atelier et donnant sur un jardin entouré d'un mur surmonté de barreaux et dans lequel se trouve jetée une porte donnant sur la rue Rébeval. A droite et à gauche de l'atelier, des établis de bijoutier avec leurs étaux et leurs outils. Bancs, escabeaux, chaises, gradin sur lequel se trouvent quelques pots de fleurs. Un poêle immense chauffe l'atelier. A droite, une table servie de huit couverts. Saladier, salade, pierre à couteaux.

SCÈNE PREMIÈRE
PANOTET, LA MASCOTTE

Au lever du rideau, Panotet arrange le poêle. La Mascotte épluche une salade.

PANOTET. Alors, mam'selle Denise, c'est l'ancien atelier du grand-père Berthier et du père Richard qui va servir aujourd'hui de salle à manger?

LA MASCOTTE. Oui, ça fera plaisir à la grand'mère. Elle se reverra au temps où tous les hivers, son brave mari, son gendre et sa fille fêtaient ici le pâté de veille avec leurs ouvriers.

PANOTET, passant les couleurs sur la pierre. Ah! Gavroche le reconstituera bien un jour, lui, l'atelier-là?... Les établis sont toujours à leur place, tendant les bras aux bijoutiers...

LA MASCOTTE. Oui, mais pour ça... il faudrait de l'argent... et en attendant Gavroche... est retourné chez son ancien patron... monsieur Launay.

PANOTET. De l'argent?... on en aurait eu... sans l'accident de là-bas, en Chine!...

LA MASCOTTE. Oh! tais-toi, Panotet!... C'est un jour de malheur, ça... dont il n'faut pas parler.

PANOTET. Pauvre lieutenant!...

LA MASCOTTE. Une carrière qui s'annonçait si bien... brisée!...

PANOTET. Comme la mienne... chez ce brigand d'Anglais.

LA MASCOTTE. Lord Warney.

PANOTET. Mon seul et unique maître. Vous traitait-il en pauvre lieutenant... Je ne pouvais lui rien dire, n'est-ce pas?... Je portais sa livrée!... mais je vous l'ai planté là!... et je suis revenu à ma médaille de commissionnaire.

LA MASCOTTE. Et tu as bien fait, va!

PANOTET. Pardine!... Oh! si je l'avais rencontré après ça!... Si jamais il passe devant ma sellette!...

LA MASCOTTE. Qu'est-ce que tu ferais?

PANOTET. Ce que je ferais?... je lui dirais d'aller se faire cirer ailleurs...

LA MASCOTTE. Ah! ouf!... Il a bien vite oublié que Daniel lui avait sauvé la vie!...

PANOTET. La petite miss ne l'avait pas oublié, elle!...

LA MASCOTTE. Sa nièce, miss Lucy l'aimait... Daniel en était fou!... Il l'aime encore... et de cette affaire-là, v'là mon mariage ajourné indéfiniment.

PANOTET. Ajourné.

LA MASCOTTE. Bien sûr!... Voilà le raisonnement que Gavroche se fait: Mon frère a l'âme sens dessus dessous. Il y fait nuit... Nous ne pouvons pas lui parler de noces dans le moment actuel; mais il viendra un jour où il aura à passer un ruban rose, une bottine coquette... le soleil commencera à se remonter... et alors...

SCÈNE II
PANOTET, LA MASCOTTE

GAVROCHE, qui a entendu les derniers mots, entrant. Alors, on fera les deux noces en même temps... ça n'en coûtera pas plus!...

LA MASCOTTE. Oui... mais quand?...

GAVROCHE. Ah! voilà!... Quand? quand?... Mais ça se fera!... (Il l'embrasse.) Bonjour Panotet.

PANOTET. Bonjour, Claude...

GAVROCHE. La grand'mère est sortie?...

LA MASCOTTE. Oui, sa promenade accoutumée.

GAVROCHE. Et le jardin?...

PANOTET, *montrant une hotte placée dans un coin.* V'là la hotte!

GAVROCHE. V'là la hotte!... Veux-tu bien me mettre ça sur les épaules et aller le chercher?... (*Il lui met la hotte sur le dos.*)

PANOTET. C'est à côté...

GAVROCHE. Ne veux-tu pas te trouver nez à nez avec la grand'mère... et nous couper notre satisfaction? Allons, allons, le voilà paré; file! et vois si tu es revenu...

PANOTET *remonte au fond; en sortant il se heurte dans Daniel qui entre.* Ah! pardon!... Tiens, c'est toi? Ça va bien...

DANIEL, *souriant.* Bien, merci. (*Panotet sort. Daniel va s'asseoir lentement sur un banc. Il est rêveur. Gavroche et la Mascotte le regardent avec tristesse.*)

SCÈNE IIIe

DANIEL, GAVROCHE, LA MASCOTTE

LA MASCOTTE. Tu vois... pas plus gai que d'habitude!...

GAVROCHE. Daniel... Bonjour, frère...

DANIEL, *se levant.* Ah! vous étiez là... Bonjour, mes amis...

GAVROCHE. Dis donc, Daniel... est-ce que tu ne seras pas plus gai que ça, tantôt, pour fêter la grand'maman?...

DANIEL. Tu me demandes de la gaîté?...

GAVROCHE. Je t'en demande!... Je ne t'en demande pas... mais si tu en avais.

LA MASCOTTE. Ça serait signe que vous oublieriez...

DANIEL. Oublier!...

GAVROCHE. Oui... oui... C'est difficile, je sais bien... mais le bon Dieu ne nous a pas abandonnés!...

DANIEL, *avec amertume.* Tu crois?

GAVROCHE. Eh certes! Tu as été obligé de donner ta démission, n'est-ce pas?...

DANIEL. Pour qu'on ne me la donne pas, oui!...

GAVROCHE. Qu'est-ce que nous aurions dit à la bonne maman, quand elle nous aurait vus revenir?

DANIEL. Que j'avais misérablement dissipé en une seule nuit le fruit de ses pénibles économies... et que l'on m'avait accusé...

GAVROCHE. Non, frère, tu ne lui aurais pas dit ça!... Tu sais bien que tu l'aurais tuée!...

DANIEL. Tuée!...

LA MASCOTTE. Oh! oui, la pauvre femme!...

GAVROCHE. Au lieu de ça, qu'est-ce qui est arrivé?— Une balle chinoise m'avait labouré le genou, me faisant compter en marchant: quatre et trois font sept... — Là-dessus, histoire de congé que nous bâclons à la bonne vieille: — Tu n'as pas voulu me laisser partir en solitaire, tu as rendu ton épaulette!— Elle nous a crus, la pauvre femme!.. Pas d questions!... Jamais!... Elle est heureuse avec ses petits enfants!... elle n'en demande pas plus!— Crédit!... Tu le vois bien; j'ai raison de dire que le bon Dieu a l'œil sur nous!...

DANIEL. Je le croirai, Claude, quand je serai sorti de cette gêne où je me débats en vain... quand j'aurai obtenu enfin cette place que je sollicite...

GAVROCHE. Pas encore de résultat?...

DANIEL. Pas encore... La personne qui doit me donner la réponse du Conseil d'administration n'était pas chez elle... J'en arrive.

GAVROCHE. Nom d'un chien! ça aurait été un chic bouquet pour la grand'maman... Il faut y retourner.

LA MASCOTTE. Oh! oui, monsieur Daniel!... Bon espoir... Allez... Et alors... Vous ne serez plus triste... Vous sourirez...

DANIEL. A quoi donc?...

GAVROCHE. Tu ne devines pas?...

DANIEL. Non...

GAVROCHE. Eh bien, voilà; Denise se voit déjà au jour... où tu nous donneras une belle-sœur.

DANIEL, *vivement.* Jamais!

GAVROCHE. Jamais!... Jamais?...

DANIEL. Jamais!... Si je ne me suis pas tué, Claude, c'est que le souvenir de ma bonne vieille grand'mère a retenu mon bras!... Si je n'ai pas succombé à la honte... c'est que ton affection m'a rendu la vie possible. Je n'ai que ces deux sentiments au cœur, je n'en aurai jamais d'autres!

LA MASCOTTE, *à part.* Que celui qui y est déjà... je le crois.

SCÈNE IVe

LES MÊMES, PANOTET. *Sa hotte est chargée de pots de fleurs. Il tient en outre une caisse dans chacun de ses bras; puis* MME BERTHIER.

PANOTET. V'là le parterre!...

GAVROCHE. Arrive ici, toi, qu'on te débarrasse...

PANOTET. Oui... C'est assez lourd!... (*On le débarrasse.*)

GAVROCHE. Ne dirait-on pas... que c'est à Tour Saint-Jacques... Ah! le père La Tulippe nous a fait bonne mesure!... Regarde donc, Daniel...

LA MASCOTTE. Alerte! Cachez ça... Voilà la grand'maman.

DANIEL. Elle va tout voir.

LA MASCOTTE. Et notre surprise est aux diables!

GAVROCHE. Ah! la resserre... (*Poussant Panotet vers le cabinet.*) Serre-toi là-dedans, toi... (*Daniel a ouvert la porte.*)

PANOTET. Mais...

GAVROCHE. Mais, file donc, animal... (*On le pousse dans le cabinet et on ferme la porte. Madame Berthier paraît au fond.*)

LA MASCOTTE. Il était temps!...

DANIEL, GAVROCHE. Bonjour, grand'mère!...

LA MASCOTTE. Bonjour, mam' Berthier...

MADAME BERTHIER. Bonjour, bonjour, mes enfants!... Ah! vous avez chauffé ici... Vous avez beau faire... Il fait froid dehors. (*A part.*) Je suis sûr que je les gêne, mais, je devais rentrer.

GAVROCHE. Comme vous revenez de bonne heure, grand'mère!

MADAME BERTHIER, *à part.* Qu'est-ce que je disais? Je les gêne!... (*Haut.*) Oui, heu!... de bonne heure... pour quelques minutes... Je craignais d'être en retard... Est-ce venu me demander?...

LA MASCOTTE. Personne...

MADAME BERTHIER. Ah!...

DANIEL. Est-ce que vous attendez quelqu'un, grand'maman?...

MADAME BERTHIER. Non... non... (*A part.*) On m'a recommandé le secret...

DANIEL. Vous avez fait une bonne promenade?...

MADAME BERTHIER. Excellente, mon bel officier... (*Mouvement de Daniel.*) Non, non... j'oublie que tu es rentré dans les civils, comme aurait dit ton excellent père. — Ne te chagrine pas, Daniel! Tu ne pouvais pas abandonner ton pauvre frère blessé... et puis la vieille mère Banban qui aurait toujours eu peur!... Tu as bien fait... (*Elle l'embrasse.*) Ah! jo suis heureuse, allez, mes enfants, de vous voir vous aimer comme cela... vous me faites oublier celle que j'ai perdue si jeune, voir, mère... ma pauvre Jeanne!...

GAVROCHE. Voyons, voyons, ne pleurons pas... c'est pas le jour des larmes aujourd'hui.

LA MASCOTTE, *le pinçant.* Tais-toi donc...

MADAME BERTHIER. Non, tu as raison, mais, c'est que, vois-tu petit, ton frère peut quelquefois regretter... et moi qui avais fait la bêtise de l'appeler...

GAVROCHE. Vous ne le serez plus... on vous pardonne... (*Lui tendant les joues.*) Allons... faites votre bonheur...

Madame Berthier l'embrasse.

LA MASCOTTE. Bonne maman, est-ce que vous ne rentrez pas vous débarrasser de votre manteau?...

MADAME BERTHIER. Si... si!... (*A part.*) Je me gêne, c'est aujourd'hui le douze décembre, la Sainte-Lucie... Tous les ans, j'ai l'air de l'avoir oublié; ça leur fait tant de plaisir!...

PANOTET, *entr'ouvrant la porte de la resserre.* C'est-y le moment?...

GAVROCHE, *fermant la porte d'un coup de pied.* Eh non!...

MADAME BERTHIER, *à part.* Ah! bon, c'est la hotte qui marchait devant moi... elle est là... soyons bonne princesse, ne la tenons pas plus longtemps prisonnier... (*Haut.*) A tout à l'heure, chers petits... je vais me mettre à mon aise... A tout à l'heure!... (*Elle sort.*)

GAVROCHE, *ouvrant la porte, à Panotet.* Vivement, Panotet... Allons-y.

PANOTET. On gèle dans ce petit trou-là!...

GAVROCHE. A nous deux, Daniel.

Ils déchargent la hotte de Panotet et mettent les pots de fleurs sur le gradin.

DANIEL, *à part.* Ce pauvre Claude est-il heureux?

GAVROCHE. Les chrysanthèmes, les giroflées.

DANIEL, *à part.* Si cette vie de famille, si de bonheur pouvait me suffire?

GAVROCHE. Les pensées, allons.

DANIEL, *à part.* Donnez-moi la force de tout oublier, mon Dieu!... tout... tout...

GAVROCHE. Là!... v'là la mise en scène achevée... Il ne manque plus que les accessoires...

LA MASCOTTE. Le dîner? Il sera prêt!

GAVROCHE. Oh! ce n'est pas le dîner que je range dans les accessoires, mais mon animal de graveur.

DANIEL. Que fais-tu donc graver?

GAVROCHE. Une timbale avec le chiffre de la grand'mère! Je vais donner un coup de pied jusque là!...

LA MASCOTTE. Moi, je vais chez le pâtissier, chercher mon biscuit de Savoie.

GAVROCHE. Avec une rose au chapeau ! Et toi, Daniel ?...

DANIEL. Moi, je retourne près de la personne qui doit me donner une réponse pour la place que j'espère !

GAVROCHE. C'est ça qui serait une rude surprise pour la Panotel. (A Panotet.) Tu dînes avec nous, toi, petit, tu sais...

PANOTET. Et ma sellette ?

GAVROCHE. Ta sellette !... Va la serrer dans ton armoire à glace !... En route !... (Ils sortent. A peine la porte est-elle fermée, que madame Berthier paraît sur le seuil de la maison.)

SCÈNE V

MADAME BERTHIER, seule.

Mme BERTHIER. Ils sont partis! Chers enfants !... Ils ont tellement l'habitude de m'être agréables, qu'ils y réussissent... même sans le savoir !... Ce monsieur d'hier, cet Anglais, m'avait tellement intriguée, que je lui ai promis de l'attendre aujourd'hui, sans songer à la Sainte-Lucie ! — Oh ! il devrait profiter du moment où je suis seule, pour m'amener ce parent qui a, dit-il, un secret si important... Qu'est-ce que je peux donc avoir de commun avec le parent de monsieur ?... Ah !... bien oui ... mais il ne vient pas... et s'il tarde encore... ma foi, tant pis pour lui !... (On voit paraître, au dehors, Wilder avec lord Warney.) Une fois sainte Lucie en train, on ne la dérangera pas !... (La porte du fond s'ouvre; les deux hommes entrent.) C'est lui...

SCÈNE VI

WILDER, LORD WARNEY, MADAME BERTHIER

WILDER. Voici la personne dont je vous ai parlé.

LORD WARNEY, saluant. Madame.

WILDER, bas. Je puis vous laisser, mon oncle.

LORD WARNEY, bas. Oui, je vais décider de votre sort, sir Georges... Vous le saviez, et votre dévouement n'a pas reculé... Vous êtes un honnête homme et votre oncle s'en souviendra.

WILDER. Milord, vous êtes satisfait... je suis payé. (Il salue et remonte vers la porte. Sur le seuil, il lance un dernier regard à lord Warney et disparaît.)

SCÈNE VII

MADAME BERTHIER, LORD WARNEY

MADAME BERTHIER, prenant un siège et faisant signe à lord Warney d'en prendre un. Je vous attendais, monsieur... et...

LORD WARNEY. Avant tout, madame, il faut tout à la fois me pardonner les questions que je vais vous faire... et me promettre d'y répondre...

MADAME BERTHIER. Parlez, monsieur...

LORD WARNEY. Je ne suis guidé que par l'intérêt que m'inspire votre famille... Vous avez eu... une fille ?

MADAME BERTHIER. Oui, monsieur, Jeanne... mariée à un brave et honnête homme...

LORD WARNEY. Mariée !... oui !... Il est mort !...

MADAME BERTHIER. Après sa femme... du chagrin de l'avoir perdue...

LORD WARNEY. Et alors, vous êtes restée seule ?

MADAME BERTHIER. Avec leurs deux enfants.

LORD WARNEY. Deux enfants ?...

MADAME BERTHIER. Deux fils !

LORD WARNEY. Mais, de ces deux enfants qui sont maintenant deux hommes et portent le même nom, n'y en a-t-il pas un qui devrait en porter un autre ?

MADAME BERTHIER. Monsieur, comment savez-vous...

LORD WARNEY. Madame !...

Mme BERTHIER. Oh je ne vous répondrai plus tant que vous ne m'aurez pas dit, qui vous a livré ce secret de la honte de mon enfant.

LORD WARNEY. Le plus cher, le plus sûr de mes amis m'a fait la confidence d'une faute de jeunesse... devenu un crime lorsqu'après avoir abandonnée celle qui s'était confiée à lui, il sût qu'elle allait devenir mère, et ne revint pas lui rendre l'honneur en lui donnant son nom.

Mme BERTHIER. Oh, oui! vous étiez son ami le plus cher, sa confiance en vous était bien grande pour qu'il en vînt à vous avouer sa lâcheté.

LORD WARNEY, à part. Sa lâcheté.

Mme BERTHIER. Revenir lui rendre l'honneur ! Est-ce que ces idées là naissent dans le cœur de ceux qui se font un jeu de l'existence des pauvres filles ? qu'elle devienne ce qu'elle pourra ! voilà ce qu'ils se disent... Dieu veille, monsieur, pour que la malheureuse ne soit pas à jamais perdue, il suffit qu'elle trouve dans le cœur de sa mère l'indulgence et la sagesse qui ne punissent pas la victime de la faute du coupable. J'ai été ainsi monsieur... et j'en fais gloire. J'ai pleuré avec Jeanne et mes bras se sont ouverts pour la consoler, Dieu a vu nos larmes et il les a bénies ! Un honnête homme est venu... il a dit à la mère: J'aime votre fille !.. Les deux femmes se sont prises par la main pour se donner de la force et elles lui ont tout avoué. Et quand il a tout appris... Il a dit à la fille : Jeanne je vous aime !.. et à la mère : madame, vous êtes une mère chrétienne... donnez-la moi !

LORD WARNEY, à part. Ce que je n'ai pas fait moi...

Mme BERTHIER. Oh monsieur! à quel propos venez-vous réveiller ces souvenirs cruels!.. Est-ce de la part de cet ami qui vous a tout confié ?

LORD WARNEY. Oui...

MADAME BERTHIER. Oui. Que veut-il donc ? le pardon de sa mère et l'amour de son mari n'ont pu chasser du cœur de la pauvre Jeanne le souvenir de sa faute; elle est morte! Il est mort aussi lui ! Quelle réparation votre ami veut-il donc offrir à ces deux tombes ?

LORD WARNEY. Ne lui reste-t-il pas un devoir à remplir ?

Mme BERTHIER. De quel devoir se souvient-il donc, maintenant, après avoir oublié le plus sacré de tous ?

LORD WARNEY. Madame... un père peut se résigner à voir son fils porter le nom d'un autre... mais songera-t-il aux difficultés de la vie, sans que la pensée lui vienne de les aplanir.

MADAME BERTHIER. Ah! de l'argent... Est-ce qu'il y a des fautes que l'argent diminue...

LORD WARNEY. Il y a des torts que le repentir amoindrit.

Mme BERTHIER. Monsieur, je n'en entendrai pas davantage. Vous venez m'apporter le repentir de votre ami. Si ce remords est véritablement entré dans son âme je ne veux pas l'agrandir en le mettant en présence d'un fils

qui lui demanderait de quel droit il lui offre cette protection, dont il n'a que faire que lui dirait-il alors, pour le forcer d'accepter ? qu'il est son père ! Ah je suis bien certaine d'avance de la réponse de mon enfant: Mon père ! vous ? Est-ce que votre visage que j'ai vu penché sur mon berceau ? Est-ce que c'est votre voix qui m'a dit: Te voilà un homme, sois juste, sois honnête; sois fort ! Et vous vous dites mon père ! Oh vous mentez, monsieur, je ne vous connais pas !

LORD WARNEY. Il ne me connaîtra pas ! Il ne me connaîtra jamais ! car je ne saurais plus longtemps parler au nom d'un autre, ce coupable repentant, ce père qui doit toujours passer comme un étranger auprès de son enfant: c'est moi...

MADAME BERTHIER. Je l'ai deviné, monsieur.

LORD WARNEY. Eh bien ! madame, je suis riche... j'ai un titre, des honneurs... Il faut que je puisse laisser, une partie de tout cela à mon enfant.

MADAME BERTHIER. Comment ?

LORD WARNEY. Cette dot que je ne puis lui offrir, je la mets dans la main de miss Lucy Warney, ma nièce.

MADAME BERTHIER. Votre nièce ?

LORD WARNEY. Tentons une épreuve. Que les jeunes gens se voient. Dieu permettra qu'ils s'aiment, ma fortune sera la sienne et je pourrai l'embrasser sans nous trahir.

MADAME BERTHIER. Ce projet !

LORD WARNEY. N'est-il pas facile à exécuter ! Oh ! vous ne pouvez me refuser, madame, je ne vous enlève pas: je fais de la France ma patrie d'adoption.

MADAME BERTHIER. Vous restez ici ?

LORD WARNEY. Toujours... consentez à tout. Rien ne sort des vos mains, car je ne pense pas seulement à l'avenir de mon fils... Il s'agit aussi du bonheur de l'autre je ne séparerai pas les deux frères.

Mme BERTHIER. Claude ? ce pauvre enfant, lui aussi... mais sous quel prétexte les présenter l'un à l'autre ?

LORD WARNEY. Rien n'est plus facile. Vous avez un dîner de fête, permettez-moi d'y assister. Lucy et mon fils se verront. Dieu fera le reste !

Mme BERTHIER. Mon Dieu, vous me prenez, je ne sais que résoudre !... Oui, peut-être avez-vous raison, peut-être l'amour naîtra-t-il dans leurs cœurs ! Oh, alors ! je croirai que le pardon de Jeanne est descendu sur vous... et... je vous pardonnerai aussi, moi !

LORD WARNEY. Oh ! merci madame... et à bientôt !

MADAME BERTHIER. Oui.. oui.. je vous attends. (Lord Warney sort.)

SCÈNE VIII

Mme BERTHIER, seule. Voyons... voyons. Je ne rêve pas ? Non... non... Il était là, s'accusant et me suppliant... Moi ici, faible et désarmée et je lui ai dit: Oui, allez ! je vous attends ! Oh, le projet de ce lord m'a séduite ! La fortune pour mes enfants, car il me l'a bien dit: Je ne les séparerai pas... Ah, comme je serais heureuse. (Bruit au dehors.) Je les entends tâchons de gagner du temps jusqu'au retour du tentateur, et tâchons surtout de ne pas nous trahir. (Elle s'assied à droite prend un journal et feint de lire.)

SCÈNE IX

Mme BERTHIER, DANIEL, GAVROCHE LA MASCOTTE, PANOTET

DANIEL, entrant, troublé. Cette voiture que je viens de croiser, j'ai cru la reconnaître ! Oh ! ce doit être une illusion... que ferait-il en France ? à Paris... et dans ce quartier ?

Mme BERTHIER, *regardant Daniel.* Mon bel officier... Pourvu qu'elle soit digne de lui avec toute sa fortune !

LA MASCOTTE, *entrant.* Eh bien, à quoi rêvez-vous monsieur Daniel.

DANIEL. Chut ! la grand'mère est là.

GAVROCHE, *entrant.* Allons, prenons nos bouquets (*à Panotet qui entre*). Dépêche-toi donc, traînard... *lui montrant une caisse.*) Enlève-moi ça... Nous y sommes ?

MADAME BERTHIER. Les voilà j'espère que je leur laisse le temps...

GAVROCHE. Attention... Du pied gauche... Arche... (*Ils s'avancent sur un rang.*)

MADAME BERTHIER. Enfin !...

TOUS. Grand'maman...

Mme BERTHIER, *feignant d'avoir eu peur.* Heft ! Ah, Dieu !... vous m'avez fait une peur... Ah ! là là ! par exemple... Est-ce que nous serions déjà le 12 décembre ?

TOUS. Oui, grand'maman !
MADAME BERTHIER. La Saint-Lucie.

GAVROCHE. La patronne de la crème des grand'mères !...

On dépose les bouquets sur ses genoux et on l'entoure !

MADAME BERTHIER. Mes enfants... mes bons et chers enfants... Vous ne l'oubliez jamais...

DANIEL. Oh ! chère mère !... l'oublier !... ce jour où nous sommes encore plus près de votre cœur...

MADAME BERTHIER, *se levant et voyant Panotet.* Mon petit Panotet !... toi aussi... tu te souviens ?...

PANOTET. Ah ! pour ça, oui... maman Berthier... En vous souhaitant accompagnée de plusieurs autres...

MADAME BERTHIER. Hum !... plusieurs au très ! Mais voyons... vous avez un air mystérieux... Il y a encore une surprise... vous avez fait des folies ?...

GAVROCHE. Des folies !... Du tout, grand'mère !... Seulement... tenez, vous boirez là dedans... On dit que ça rend le vin meilleur !...

Il lui donne une timbale.

MADAME BERTHIER. Merci, mon Claude... (*À la Mascotte.*) Toi, tu vas nous étouffer au dessert...

PANOTET, *tirant une bouteille de champagne de sa poche.* V'là qui fera passer la galette !...

DANIEL. Il n'y a que moi qui arrive les mains vides, grand'mère... J'espérais vous offrir l'assurance de ma nomination à la place que l'on m'a promise.

MADAME BERTHIER. Ta place... envoie-les donc au diable, avec leurs places !... Des places ?... C'est à toi qu'on les demandera...

GAVROCHE. Hein ? Qu'est-ce que vous dites ?

MADAME BERTHIER. Rien... rien... Voyez-vous, mes chers enfants, quand on est aussi heureux que nous le sommes en ce moment... ça fait tourner la cervelle... tout paraît vraisemblable !... même les contes de fées !...

TOUS, *s'approchant.* Les contes de fées ?...

MADAME BERTHIER. Oui... tu verras...

GAVROCHE. Eh bien, en attendant... à table !...

MADAME BERTHIER. Non... non... pas encore...

TOUS. Comment ?...

MADAME BERTHIER. Serrez les rangs... Il me faut deux couverts de plus...

DANIEL. Vous avez invité quelqu'un, grand'mère ?

MADAME BERTHIER. Oui !...

GAVROCHE. Les ambassadeurs de Madagascar ?...

MADAME BERTHIER. Peut-être bien... (*Bruit de voitures au dehors.*) Enfin !... Ceux que j'attends... vous allez les connaître...

Elle remonte au fond.

DANIEL, *à part.* Une voiture... Dieu... en cette vision, lorsque je revenais ?...

MADAME BERTHIER. Oui, ce sont eux... le monsieur et la jeune dame !...

GAVROCHE, DANIEL. La jeune dame !

MADAME BERTHIER. Entrez, milord... entrez...

Lucy et lord Warney paraissent.
TOUS. Milord !...

Daniel recule épouvanté.

SCÈNE X
LES MÊMES, LORD WARNEY, MISS LUCY.

LORD WARNEY. Est-ce que nous nous sommes fait attendre ?...

MADAME BERTHIER. Non, milord, et voici toute ma famille qui vous remercie de l'honneur que vous voulez bien lui faire. — Mademoiselle...

GAVROCHE, *à part.* Ah çà, mais... qu'est-ce que ça signifie ?

MADAME BERTHIER. Permettez que je vous présente d'abord l'aîné de mes petits-fils, milord, celui dont nous avons parlé : le lieutenant Daniel Richard.

LORD WARNEY, LUCY. Daniel Richard.

LORD WARNEY. Lui... c'est lui !...

MISS LUCY. Milord, milord... que sommes-nous donc venus faire ici ?...

GAVROCHE. Qui donc les a conduits chez nous ?...

MADAME BERTHIER, *à lord Warney.* Cette surprise... que veut dire ?...

LORD WARNEY. Madame, madame, ce jeune homme est bien votre petit fils ?...

MADAME BERTHIER. Mais, oui, monsieur !

LORD WARNEY. Ah ! oubliez... madame, oubliez tout ce que je vous ai dit !... oubliez mes projets ; ils ne se réaliseront pas !... Ils ne se réaliseront jamais !...

MADAME BERTHIER. Monsieur, que signifient vos paroles ?

LORD WARNEY. Ah ! madame... vous ignorez donc ?...

GAVROCHE. Tout, monsieur ! et je ne vous conseille pas de lui rien apprendre !...

DANIEL. Frère !

MISS LUCY. Mon oncle, par grâce !

DANIEL. Devant elle ! toujours devant elle.

LORD WARNEY. Oh ! c'est une incroyable fatalité !...

MADAME BERTHIER. Si vous partez, monsieur, qui donc me dira...

LORD WARNEY. Oh ! madame ! la douleur que j'éprouve, vous seule ici pouvez la comprendre. — Ces projets que vous avais soumis, si j'y renonce, ne faut-il pas un obstacle insurmontable ?...

MADAME BERTHIER. C'est cela que je veux connaître, monsieur ? C'est l'explication de tout ceci qu'il me faut !...

LORD WARNEY. Que d'autres vous la donnent, s'ils osent vous la donner ; vous comprendrez plus encore tout ce que je dois souffrir !...

MISS LUCY. Et il ne dit rien ! Il ne dit rien.

LORD WARNEY. Venez, Lucy... venez...

Il entraîne la jeune fille. Grand moment de silence.

SCÈNE XI
MADAME BERTHIER, DANIEL, GAVROCHE, PANOTET, LA MASCOTTE.

MADAME BERTHIER. Il a pu se retirer en refusant de m'instruire... Mais à vous, je puis vous le demander... car, au besoin, j'ordonnerais...

GAVROCHE. Grand merci.

MADAME BERTHIER. Pourquoi ce lord, venu ici la joie au cœur et dans les yeux, a-t-il changé tout à coup ? Il te connaissait donc, Daniel ?

DANIEL. Oh ! oui !... Il m'a bien reconnu... Il n'est point étonné de me trouver sous ce costume... C'est un militaire aussi... lui, qui n'avait pas besoin de se demander ce que l'on doit faire d'une épaulette déshonorée !...

MADAME BERTHIER. Déshonorée !...

GAVROCHE. Veux-tu te taire ! Ne le croyez pas, au moins, grand'mère... Eh bien, oui, nous avons eu tort de vous cacher la vérité.

MADAME BERTHIER. Parle ! parle !...

GAVROCHE. Quand nous sommes revenus, voyez-vous... nous avons dit : Nous quittons le régiment parce que...

MADAME BERTHIER. Ta blessure ?...

GAVROCHE. C'est ça... quoi... des bêtises !... Comme si un soldat faisait attention à ça... — Eh bien non... c'était plus terrible !...

MADAME BERTHIER. Plus terrible ?...

GAVROCHE. La blessure... elle était là, voyez-vous... mais c'étaient des mensonges, grand'mère !...

MADAME BERTHIER. Claude, achève, tu me fais mourir !...

GAVROCHE. Ah ! et puis, voyez-vous !... Il y a de votre faute, grand'mère. Vous gâtez vos petits-fils ! — On a des économies, on les envoie au régiment pour qu'on fasse figure...

Mme BERTHIER. Mais sans doute...

GAVROCHE. Et on fait figure. — Et quand une partie se présente, on joue, on se laisse entraîner... la gloriole ! Vous comprenez... on perd... et les écus de la grand'maman y passent tous.

Mme BERTHIER. C'est cela ?

GAVROCHE. Pas autre chose... C'est-à-dire si... si je vois dans vos yeux qu'il faut tout vous dire...

Mme BERTHIER. Tout... oui, tout !... Qu'y a-t-il ?

GAVROCHE. Il y a la caisse du bataillon... et puis... de l'argent manque... et on se rappelle la déveine et on se dit : Où aurait-il eu tant d'argent ?... — On ne sait pas qu'il y a un trésor de grand'mère...

Mme BERTHIER. Et on soupçonne... on accuse... Ah ! mes enfants ! comme vous avez dû souffrir !...

DANIEL. Vous ne le croyez donc pas ?

Mme BERTHIER. Est-ce que vous auriez osé reparaître devant moi...

GAVROCHE. Ah! comme c'est bien dit, ça... bonne maman!

DANIEL. Ma chère mère...

M° BERTHIER. Mon enfant... Et il était donc là, ce lord?

DANIEL. Oui... Il y était... et elle aussi.

M° BERTHIER. Elle!...

GAVROCHE. Eh oui, grand'mère... celle qu'il aime.

M° BERTHIER. Que dis-tu là?... Cette jeune fille, tu l'aimais?...

DANIEL. Je l'aime encore.

M° BERTHIER. Et il venait... Ce mariage était donc possible?

DANIEL, GAVROCHE, TOUS. Que dites-vous?

M° BERTHIER. Oh! ne m'interrogez pas!

GAVROCHE. Un seul mot : Daniel pourrait épouser miss Lucy?

M° BERTHIER. Oui.

DANIEL. Vous me rendez fou, ma mère, cet espoir...

M° BERTHIER. Perdu à jamais... vous l'avez entendu.

GAVROCHE. Possible!... mais je ne le perds pas, moi... Oh! je ne vous demande rien!... Que faisait lord Warney près de vous?... Je ne veux pas le savoir — Il ne me faut qu'une chose : Tu pouvais épouser miss Lucy... on te la prend... je la donnerai, moi!

DANIEL. Claude...

GAVROCHE. Quand je te le dis! Ah! nous nous endormions! C'est vrai on se sent honnête homme au fond!... On dit qu'on porte le monde!... et on ne remue pas ciel et terre pour trouver le voleur qui se cache...

M° BERTHIER. Le trouver!

DANIEL. C'est impossible!...

GAVROCHE. Impossible!... qué que ça me fait à moi que ce soit impossible... pourvu que ça se fasse?... et ça se fera!... frère. Il me faut ma noce avec Denise; il me faut la tienne avec la jeune miss. Il me faut ton siège au Parlement. Et pour que j'aie tout cela... il ne me faut qu'une chose : ton voleur!... Je l'aurai. C'est difficile, je ne dis pas! mais bath! l'infanterie de marine a bien pris Ké-lung... et ça ne ressemblait pas au grand escalier de Versailles!

TOUS. Claude!...

GAVROCHE. Grand'mère... vos petits-fils vous prouveront qu'ils ont toujours conservé intact l'honneur de leur père.

CINQUIÈME TABLEAU
La montre de sir Georges

Un salon, à l'hôtel de lord Warney, rue de Monceau. — Porteau fond, portes latérales. A droite, haute fenêtre garnie de rideaux, relevée sur des embrasses de style. — A gauche, cheminée garnie. Un guéridon devant la cheminée avec tout ce qu'il faut pour écrire. A droite, avant la croisée, une table. La croisée praticable, s'ouvre sur un balcon donnant sur le jardin de l'hôtel, touchant au parc Monceau. Canapés, chaises, fauteuils.

SCÈNE PREMIÈRE

MISS LUCY, KATT. Miss Lucy écrit sur le guéridon de gauche. — Katt, assise à droite, lit la Bible, puis LORD WARNEY.

KATT. Et l'Éternel lui avait dit : Celui qui semait la perversité, il récoltait rien du tout... que le tourment de lui...

MISS LUCY, dictant. Madame Berthier, rue Béleval... (A elle-même.) Elle viendra!... Je la verrai!... Je la consolerai!... (Se levant.) Je ne crois pas à la culpabilité du lieutenant Richard, moi — Je veux que cette pauvre mère sache qu'elle le lui redise à lui... et que son cœur soit raffermi! (Coup de feu au dehors. A Katt.) Qu'est-ce que cela?

KATT. Ce n'était sir George qui tirait le pistolet dans le jardin avec les invités de milord...

MISS LUCY, lui donnant la lettre qu'elle vient d'écrire. Cette lettre à son adresse, Katt...

KATT. Yes.

Nouvelle détonation. Au moment où Katt va sortir, lord Warney entre du pan coupé de droite.

LORD WARNEY, à Katt. Qu'est-ce?

KATT. Une petite commichionne de miss Lucy, milord.

LORD WARNEY. Ah!... (Il fait un léger mouvement pour prendre la lettre, mais se ravise.) C'est bien... allez... (Katt sort.)

SCÈNE II
LORD WARNEY, MISS LUCY

LORD WARNEY, venant prendre les mains de Lucy. Si je te demandais à qui cette lettre est adressée?

MISS LUCY. Je vous le dirais, milord, à cette pauvre vieille mère qui, sans un hasard fatal, ignorerait encore le déshonneur de son fils...

LORD WARNEY. Sans doute, cette femme est à plaindre... Mais, dépend-il d'elle ou de nous que la faute n'ait point été commise?...

MISS LUCY. Il dépend de la bonté du ciel que le véritable auteur en soit connu...

LORD WARNEY. Nous n'avons pas à en chercher un autre que lui...

LUCY. Vous croyez!

LORD WARNEY. La fièvre, l'égarement peuvent l'excuser... mais l'absoudre!... jamais...

MISS LUCY. Mais vous tenez donc bien à ce qu'il soit coupable!...

LORD WARNEY. Moi!... Ah! Lucy!... tu ne sais pas!... tu ne sauras jamais ce que mon cœur a éprouvé, lorsque dans cette maison, où je t'avais si joyeusement amenée, j'ai reconnu Daniel devant nous!...

MISS LUCY. Mais, qui vous y avait donc conduit, vous, dans cette maison, milord?

LORD WARNEY. Quel autre que sir Georges eût pu remplir la mission que Maxwell en mourant laissait inachevée?

MISS LUCY. Alors, c'est mon cousin qui, frappant à la porte de cette demeure, vous a dit...

LORD WARNEY. Entrez, mon oncle, vous trouverez là celui que vous cherchez.

MISS LUCY. Ah!

LORD WARNEY. Pouvait-il se douter qu'il me plaçait en face de Daniel?

MISS LUCY. Peut-être!...

LORD WARNEY, sèchement. Lucy... c'est mal! Tu ne dois pas oublier que Georges est le seul soutien que tu dois avoir un jour!...

MISS LUCY. Mon mari!... (Voyant entrer Wilder.) Lui!...

SCÈNE III
LORD WARNEY, LUCY, GEORGE

GEORGE WILDER, qui est entré avec des pistolets de tir qu'il pose sur la table.

La lutte est finie, milord!... J'ai été battu. Ces messieurs sont partis, mon oncle... et n'ai pas voulu vous déranger... Je me suis chargé de leurs adieux.

LORD WARNEY. Vous avez bien fait, Georges!...

WILDER. Qu'avez-vous donc, milord?... Vous paraissez fort ému.

LORD WARNEY. L'injustice me révolte... et...

WILDER. Je dois comprendre alors qu'il était question entre vous de ce projet d'union auquel mon bonheur est attaché?...

MISS LUCY. Votre bonheur?...

WILDER. Mon bonheur, je vous le répète, quoi que vous puissiez avoir à faire : le vôtre est le plus cher de mes vœux ; et c'est du temps, c'est de vous-même, Lucy, que je veux tenir un consentement que l'impatience de notre oncle voudrait peut-être vous arracher... J'attendrai...

LORD WARNEY. Très bien, Georges. (A Lucy.) Rendras-tu, enfin, justice aux sentiments de ton cousin?

MISS LUCY. Pourquoi vous inquiéter de ce que je pense... Quoi que vous ordonniez, mon oncle... vous savez bien que la reconnaissance et le respect me font une loi de l'obéissance. (A part, en sortant.) Oh! il est donc bien certain que Daniel est perdu... pour moi, pour moi-même!

SCÈNE IV
LORD WARNEY, WILDER, PUIS UNE DOMESTIQUE

WILDER. Lucy ne m'a jamais montré une bien grande sympathie ; mais depuis que vous lui avez parlé de notre mariage, milord, ce n'est plus de la froideur, c'est de la haine.

LORD WARNEY. Non... elle ne vous hait pas... Elle en aime un autre!

WILDER. L'amour a survécu à l'estime.

LORD WARNEY. Elle ne croit pas avoir le droit de le mépriser... Elle le défend.

WILDER. Et qui sait si un jour sa conviction ne passera pas dans votre âme?...

LORD WARNEY. George!

WILDER. Lucy prend sa défense... et le coupable est votre fils.

LORD WARNEY, avec force. Ah! justement parce qu'il est mon fils, le monde entier prendrait en vain sa défense!... Que m'importerait l'honneur de mon nom sans lui. Tout ne prouve-t-il pas l'inflexibilité de ma rigueur? Cette place qu'il sollicitait depuis longtemps, cette place qui l'aurait mis à toute heure à mes côtés, cette place dont peut-être il a besoin pour vivre, elle lui a été refusée, parce que j'ai dit au conseil d'administration : Ne la lui donnez pas!... Et vous avez peur que je faiblisse!... Ah! soyez sans crainte. A vous, j'oserai faire cet étrange aveu, Georges : Je lui en veux de tout mon espoir brisé... Je lui en veux de mes torts anciens, qu'il a rendu la réparation impossible! Je lui en veux de ces torts nouveaux qu'il me donne ; car sa chute est un reproche éternel pour moi!... pour moi, qui ne sais rien répondre à ma conscience lorsqu'elle me crie : Si le père eût fait son devoir d'honnête homme, le fils n'aurait jamais failli!

WILDER. Mon devoir, à moi, mon oncle, est tracé... Il ne me commande certes pas de renoncer à la femme que j'aime, mais il me prescrit impérieusement de sauver du désespoir, peut-être, l'homme qu'un instant d'égarement... a fait sortir hors du droit chemin. Il faut son honneur soit assuré...

LORD WARNEY. Vous êtes bon, Vous avez toutes les délicatesses. Lucy vous connaîtra mieux. Oui, nous chercherons ensemble un moyen de...

UNE DOMESTIQUE, *entrant.* Pardon, milord.. Il y a là un Français assez mal mis qui demande M. le baronnet.

LORD WARNEY. Quelque pauvre honteux...

WILDER. A-t-il dit son nom?

LA DOMESTIQUE. Je le lui ai demandé... « C'est inutile, a-t-il répondu, sir Georges l'a probablement oublié... »

WILDER. Comme sa personne... Je ne reçois pas...

LORD WARNEY. Il y a des misères timides... Ne le renvoyez pas ainsi.

WILDER. Permettez, milord... Encore faut-il que je sache qui je veux bien recevoir...

Il fait un signe; la domestique sort.

LORD WARNEY. Vous êtes un rigide observateur des coutumes anglaises... Je vous laisse... A bientôt...

Il sort par la droite.

WILDER *le regardant s'éloigner.* Que Lucy soit ou non ma femme, l'héritage de mon oncle est bien à moi, maintenant.

LA DOMESTIQUE, *rentrant.* Que Votre Honneur me pardonne... mais cet homme...

WILDER. Eh bien...?

LA DOMESTIQUE. Doit être fou! J'ai insisté pour savoir son nom. Il m'a répondu de dire à Votre Honneur: qu'il était deux heures à la montre de sir Georges.

WILDER *(à part).* Deux heures!... *(Haut.)* Faites entrer! *(La domestique sort.)* De quel enfer revient-il, celui-là?.. *(La domestique reparait avec Marcel Gervais.)* C'est bien lui.

Il fait un signe à la domestique, qui sort.

SCÈNE V°

SIR GEORGE WILDER, MARCEL, MISÉRABLEMENT VÊTU, PUIS LA DOMESTIQUE.

MARCEL. C'est moi!... Vous vous êtes souvenu... Très bien! je n'en doutais pas...

WILDER. Que voulez-vous?

MARCEL. On ne me tutoie plus?

WILDER. Mes engagements n'ont-ils pas été tous tenus?

MARCEL. Tous...

WILDER. Alors que peut-il y avoir de commun entre nous...

MARCEL. Je n'ai qu'une simple question à adresser à Votre Honneur: Votre Honneur a-t-il vu son bijoutier?...

WILDER. Qu'est-ce que cela veut dire?

MARCEL. Non?... je suis le premier?... Fameux!

WILDER. Expliquez-vous. *(Il s'assied.)*

MARCEL, *voyant que Wilder ne l'invite pas à s'asseoir, s'assied sur le siége qu'il vient de quitter.* Monsieur le baronnet n'est pas sans croire un peu à la fatalité *(Wilder, voyant Marcel s'asseoir, se lève et va à la cheminée.)* J'en suis une victime. Il est inutile que je vous raconte, n'est-ce pas, les mille et une tribulations qui m'ont assailli en Chine... Vous lirez ça... quand j'écrirai mes mémoires. Le moment vint où, mes effets s'usant de plus en plus... je peux plus d'autre ressource que le bijou précieux, souvenir de M. le baronnet, réservé pour mon retour en France... Les bijoutiers je l'avoue, montrant généralement plus consciencieux et donnant des objets presque la moitié de leur valeur.

WILDER. Abrégez!

MARCEL. Eh bien, Votre Honneur, c'est là où la fatalité se complique d'une horrible façon. Je traverse l'Europe, je passe peut-être devant 1,000 ou 1,500 boutiques de bijoutiers, pour venir tomber juste, sur un monsieur méticuleux... qui s'étonne à l'examen de mon enveloppe, qu'un pareil bijou ne soit pas déjà passé à travers d'une poche aussi percée que la mienne, et m'oblige à dire que c'était un cadeau de sir George Wilder.

WILDER. Vous m'avez nommé?

MARCEL. Heureusement... Le hasard est si bête!... J'étais juste tombé sur celui qui l'avait vendu.

WILDER. Monsieur Launay?

MARCEL. Précisément... Mais il n'a pas eu l'air convaincu... On viendra aux informations... Vous ne me démentirez pas, n'est-ce pas vrai?

WILDER. Soit... mais j'eusse autant aimé que mon nom...

MARCEL. N'eût pas été prononcé?... Au bout du compte, qu'est-ce que ça peut vous faire? Un homme comme vous aurait pu me donner une pendule, s'il avait voulu.

WILDER. C'est bien: on va venir... Je dirai... je dirai ce qu'il faudra dire...

MARCEL, *à part.* Reste à savoir dans quel sens?...

LA DOMESTIQUE, *entrant.* De la part du bijoutier de Votre Honneur...

MARCEL, *à part.* Il était temps...

WILDER. Qu'on attende. Donnez-moi de la lumière. *(La domestique sort. Bas à Marcel.)* Est-ce que vous tenez à être vu?

MARCEL. Pas le moins du monde... Toutefois, je voudrais m'en aller... C'est l'heure du dîner...

WILDER, *à la domestique.* Vous conduirez ensuite monsieur à l'office.

La domestique sort.

MARCEL, *à part.* A l'office!... Bon! je tâcherai de ne pas partir sans savoir ce qu'il aura dit au bijoutier.

La domestique est rentrée avec deux lampes qu'elle a posées sur la cheminée, puis elle est allée à la fenêtre et a détaché les rideaux qui, en tombant, masquent les embrasures. Marcel a suivi ses mouvements.

WILDER, *désignant la droite.* Conduisez monsieur de ce côté.

MARCEL. Je vais boire à la santé de Votre Honneur.

Il sort avec la domestique.

WILDER. Fâcheux retour!... *(Il frappe sur un timbre.)* Enfin!... *(A une autre domestique qui entre.)* Il y a quelqu'un qui attend dans l'antichambre; faites entrer. *(Le domestique sort.)* Au bout du compte, je lui ai véritablement donné la montre. Je l'attesterai... on le paiera... et je le consigne à la porte de l'hôtel. Je n'aurai plus à entendre parler de lui.

Il s'assied.

SCÈNE VI

GEORGES, WILDER, GAVROCHE, puis MARCEL.

GAVROCHE, *au domestique qui l'introduit.* Merci, mon garçon... Mince! c'est chic, ici... Ah! monsieur, je viens de la part de mon patron!... Ah! mais, dites-moi donc, je vous reconnais.

WILDER. Moi?...

GAVROCHE. Oui... je vous ai vu sur la route de Tamsui, en Chine. Vous êtes le neveu de lord Warney! Un dîner de soldats, il y a trois mois.

WILDER. Ah! oui. Une poule sur un mur...

GAVROCHE. C'est ça: qui picote, cote, cote... Moi, je suis rentré dans le civil à cause d'une satanée balle qui m'a labouré le genou...

WILDER. Asseyez-vous. Tenez, avancez cette chaise...

Gavroche prend une chaise et s'assied.

MARCEL, *rentrant par où il était sorti et se glissant derrière les rideaux de la fenêtre.* Encore plus curieux qu'affamé.

GAVROCHE, *assis.* Ah! ça va mieux...

WILDER. Maintenant, voyons ce que vous avez à me dire de la part de M. Launay?

GAVROCHE. Voilà ce que c'est, Votre Honneur. On a offert à mon patron une montre à acheter. La montre était si belle et l'oiseau qui la vendait si vilain, que la première idée de M. Launay a été celle-ci: Elle a été faite, et le bonhomme-là est un effronté menteur en prétendant la tenir de sir Georges Wilder, son ami...

MARCEL, *à part.* Que va-t-il dire?

WILDER. Ah! il prétendait!...

GAVROCHE. Oui. *(Montrant la montre.)* Et regardez-moi un peu l'objet... Y a-t-il du bon sens à s'imaginer que vous auriez donné une montre de mille écus à un merle pareil?...

MARCEL, *à part.* Malhonnête!...

WILDER. Cependant, comme il ne m'a jamais été rien volé, et qu'il la possède...

GAVROCHE. Vous la lui avez donnée?

WILDER. C'est évident. C'était une récompense pour un service rendu.

GAVROCHE. En ce cas, si vous voulez rentrer en possession, M. Launay vous cédera le marché...

WILDER. Bien obligé; on lui en donne?

GAVROCHE. Deux mille francs... Ça vous a coûté plus que ça...

WILDER. Oui, mais neuf.

GAVROCHE. Oh! les montres... ça ne s'use pas comme les pantalons!

MARCEL, *à part.* A preuve! *(Regardant le sien.)* Quelle passementerie!

WILDER. C'est possible... Mais ce n'est pas complet...

GAVROCHE. Bah!

WILDER. Le pauvre diable a déjà commencé à s'en défaire en détail... Regardez cet anneau brisé-là...

GAVROCHE. En effet... Je n'y avais pas fait attention... C'était une breloque?

WILDER. La plus curieuse de toutes.

MARCEL, *à part.* Je n'ai jamais eu que ça...

GAVROCHE. Et c'était?

WILDER. Un cachet représentant un lion...

GAVROCHE. Un lion?

WILDER. Tenant dans ses griffes une perle noire...

GAVROCHE. Une perle noire?

WILDER. Du plus bel orient...

GAVROCHE. Tonnerre!... Ah! je suis bien ici, n'est-ce pas? C'est bien vous qui me parlez?...

WILDER. Qu'avez-vous donc?

MARCEL, *à part.* Un coup de sang!

GAVROCHE. Vous avez bien dit... un cachet... un lion... une perle noire?

WILDER. Sans doute!

GAVROCHE. Ah! monsieur le baronnet! L'homme à qui vous avez donné votre montre est un voleur!

MARCEL, à part. Eh là-bas !

WILDER. Un voleur !...

GAVROCHE. Pour vous, non, peut-être, mais c'est le nôtre, à coup sûr ! Oh ! mon pauvre frère, mon pauvre frère !... Sir George, vous êtes notre sauveur... Le nom, le nom de ce misérable.

WILDER. Mais, le vôtre, d'abord ! Qui donc êtes-vous ?

GAVROCHE. Claude Richard.

WILDER, MARCEL. Claude !

GAVROCHE. Le frère de Daniel.

MARCEL, à part. Aïe ! aïe !

WILDER. Ah çà, voyons, je ne comprends pas bien. Quel rapport y a-t-il entre cette montre et votre frère ?

GAVROCHE. C'est tout un enchaînement, voyez-vous. Monsieur le baronnet doit se souvenir : la caisse du bataillon confiée à mon pauvre Daniel.

WILDER. Oui, je me souviens : le jeu, le déficit, et l'on crut pouvoir accuser.

GAVROCHE. Ce n'était pas vrai, monsieur... Il y avait eu un voleur qui, en s'échappant, avait laissé tomber le cachet, la perle noire, retenue dans les griffes du lion, trouvés par moi au pied du meuble où l'argent était renfermé...

WILDER, à part. Ah ! qu'est-ce que cela ?

MARCEL, à part. Il s'est enferré lui-même.

GAVROCHE. Le voici, regardez. Voyez comme se réunissent bien les deux parties brisées.

WILDER, à part. C'est vrai ! c'est vrai !

GAVROCHE. Oh ! monsieur le baronnet ! Le nom, le nom de cet homme qui a emporté avec lui l'honneur de mon frère ! Son nom ! dites-le-moi !

WILDER. Et si je refuse de vous le dire ?

GAVROCHE. Me refuser ?... Pourquoi ?

WILDER. Cherchez !...

GAVROCHE. Oh ! mais alors, je croirai ?

WILDER. Tout ce que vous voudrez. Seulement, je ne vous conseille pas de le crier trop fort.

GAVROCHE. Ah çà, monsieur le baronnet ne comprend pas toute la portée de ses paroles ?

WILDER. Croyez-vous ?

GAVROCHE. Protéger le voleur de votre silence, c'est vous faire son complice !

WILDER. Allons, l'amour fraternel vous égare !

GAVROCHE. Et l'audace vous rend fou, monsieur le baronnet !

WILDER. Cette montre n'est pas à moi !

GAVROCHE. Elle est à vous !... et je vous le prouverai, sir Georges ! Ah ! vous n'avez pas de voleur ? Ah ! vous couvrez généreusement le voleur d'un démenti impossible ? Eh bien ! soit ! nous verrons si vous démentirez le témoin que je vous fournirai !

WILDER. Je vous démentirai tous !...

GAVROCHE. Et tous, tous diront alors que vous êtes un misérable. Votre Honneur !... Ah ! Ah ! Votre Honneur ! Je suis là, en face de l'homme qui a perdu mon pauvre frère... et en lui parlant, je lui dis : Votre Honneur ! Les hommes comme vous n'ont de titre dans aucune langue. En français comme en anglais, il n'y a qu'un mot qui aille se paii quand on vous parle, monsieur Wilder... c'est votre infamie !...

WILDER. Ah ! c'en est trop ! Et je ferai jeter dehors l'insolent qui chez moi...

GAVROCHE. Chez vous ? Dites chez lord Warney ! et s'il était là...

SCÈNE VII

LES MÊMES, LORD WARNEY.

LORD WARNEY. Il y est monsieur. Et vous me direz la cause de ce scandale.

WILDER. Mon oncle !

MARCEL, à part. Je serais mieux ailleurs !

GAVROCHE. Monsieur le capitaine ! Ah ! pardon ! Vous êtes militaire, vous ? vous comprenez l'honneur ? On n'est pas maître de soi, quand on flaire une trahison...

LORD WARNEY. Une trahison ? De qui parlez-vous ?...

GAVROCHE. Parler ? ce n'est que preuves en main que je puis parler ! et ces preuves je les aurai..., et je vous les montrerai, à vous ! Tenez, je cours ! On me consignera à la porte ! Faites-la-moi ouvrir toute grande. Ayez confiance, monsieur le capitaine, rappelez-vous Gavroche, le frère de Daniel ! Gavroche qui n'a jamais menti ! (Il s'élance au dehors.) Je reviens, milord !... je reviens !

SCÈNE VIII

WILDER, LORD WARNEY, MARCEL.

MARCEL, à part. Il s'est donné mauvais jeu... et c'est moi qui vais payer la consommation !

LORD WARNEY. Me donnerez-vous des explications, Georges... sur la présence de ce jeune homme ?

WILDER. C'est le frère de ce malheureux Daniel... Il a eu l'audace de me provoquer.

LORD WARNEY. Vous !

WILDER. Il voit en moi... l'obstacle jeté entre vous et son frère... l'aveugle instrument de la jalousie d'un rival ! Ah ! leur plan ne manque pas d'habileté... Ils ont imaginé je ne sais quel bohémien...

MARCEL, à part. Hein !

WILDER. Qui, avec une histoire de montre donnée... de breloque perdue et retrouvée, ferait remonter jusqu'à moi le vol dont vous avez été témoin et dont l'indulgence de mes collègues lui a évité le châtiment. Le bonheur dont votre faveur m'a fait entrevoir... mon oncle... excite leur haine contre moi !...

LORD WARNEY. Rassurez-vous... vous n'avez pas, auprès de moi, besoin de défenseur. Il a pu être victime d'une erreur fatale !... mais oser vous accuser, vous ! — Il a parlé de preuves, je les attends ! Ce n'est pas en présence d'un jeune homme facile à irriter qu'il se trouvera... c'est devant moi... que, vous le savez, il le droit d'être pour lui un juge... et un juge inflexible. Il tombe assis sur un siège.)

WILDER, à part. Il attend... Oh ! il faut qu'à prix d'or Marcel le prévienne... qu'il disa... Il doit être encore en bas. Je le trouverai ! (Il sort.)

MARCEL. Ça devient brûlant ici.

LORD WARNEY. Cette faute pèsera-t-elle éternellement sur moi ? Et c'est au moment où son nom m'accable, où j'emploie toutes mes forces à la réparer... que les obstacles se dressent !... La justice de Dieu n'est-elle que sa vengeance !...

SCÈNE IX

LORD WARNEY, DANIEL, MARCEL.

DANIEL, au fond, à un domestique. C'est inutile, milord m'attend...

MARCEL. Ah !

DANIEL, s'approchant de lord Warney, pensif. Milord !... Milord !...

LORD WARNEY. Vous !... Vous ici !... qu'y venez-vous faire ?

DANIEL, tirant une lettre de sa poche. Vous demander, milord, ce que signifie cette lettre qui m'a été adressée au nom d'une administration où votre volonté est toute-puissante... Veuillez la lire.

LORD WARNEY. C'est inutile... je sais ce qu'elle contient !

DANIEL. Alors, elle ne m'a pas trompé en me disant que cet humiliant rejet... avait été dicté par vous.

LORD WARNEY. Elle ne vous a pas trompé.

DANIEL. Mais pourquoi cet acharnement à me poursuivre ?

LORD WARNEY, à part. Pourquoi ?

DANIEL. Vous ne répondez pas ?...

LORD WARNEY. Est-ce ma faute à moi, si je ne puis oublier ?...

DANIEL. Que je suis un voleur, n'est-ce pas ? Vous le croyez ? — Cédant à un entraînement coupable, admettons-le, j'ai oublié ce que je devais à la mémoire d'un père, honnête homme, à l'uniforme que je portais ; je mérite mon sort, soit ! n'ayez point de pitié ! Mais votre rigueur n'atteint-elle pas des innocents ? Ma mère ! mon frère ! sont-ils solidaires de ma faute... Pour venir en aide à nos ressources insuffisantes, je m'épuise en efforts stériles : une porte s'ouvre, une main cruelle la referme !... et cette main... c'est la vôtre !...

LORD WARNEY. Oui, c'est la mienne !...

DANIEL. Vous en convenez ?. Je ne suis pas de votre nation ! En quoi mon honneur importe-t-il à votre honneur ?... Pourquoi vous faire le justicier d'une faute qui ne vous regarde pas ?...

LORD WARNEY. Je suis soldat, monsieur, qu'importe la couleur de l'uniforme !... — Qu'importe le drapeau ! Anglais ou français, l'honneur militaire est pareil ! — Officiers tous deux, nous ne formons qu'une seule famille ; et dans une famille, lorsqu'un membre forfait à l'honneur, la solidarité de la honte pèse sur eux...

DANIEL, se contraignant. Oh ! milord ! milord ! au fond du mépris que vous avez pour moi, vous me supposez quelque courage...

LORD WARNEY. Du courage ! il vous en a eu un que je n'aurais pas eu... vous avez supporté la vie.

DANIEL. Le fardeau m'a paru bien lourd parfois, allez !... Eh bien, ce courage n'était rien auprès de celui que je vais vous montrer, milord ! — Je suis devant un homme qui ne voit en moi qu'un misérable ; je l'implore cet homme. Mon sort dépend de lui... je n'ai peut-être rien à espérer de sa pitié... et cependant j'ai la force de lui demander grâce !...

LORD WARNEY. Vous ?...

DANIEL. Non pour moi, mais pour les miens ! je m'humilie devant vous... Mes espérances, si faibles qu'elles fussent, je les ai vues disparaître une à une... La dernière est entre vos mains...

LORD WARNEY. Enfin... vous voulez ?...

DANIEL. Honnête homme faussement accusé, je ne veux pas être plus maltraité que le criminel qui se repent.

LORD WARNEY. Au repentir on montre de l'indulgence, vous dites vrai ! mais toute la compassion qui peut venir au cœur ne remplace pas la confiance perdue, et, pour la place que vous ambitionnez... il faut une confiance sans bornes...

DANIEL. Que vous n'avez pas?...

LORD WARNEY. Que je ne puis avoir sans preuves!...

DANIEL, *bondissant*. Des preuves!... Ah! oui... Il est impossible de les produire! N'importe! Va, malheureux! Fouille les ruines de cette maison incendiée!... Interroge les morts laissés à Kélung!... Fais des miracles enfin!... Toute une vie loyale ne suffit pas! L'accent de la vérité ne suffit pas! Qu'a donc à faire un soldat à qui le silence répond: Vous en avez menti?

Lucy, Mme Berthier et la Mascotte ont paru à gauche.

LORD WARNEY. Lieutenant!...

SCÈNE X^e
LORD WARNEY, DANIEL, LUCY, Mme BERTHIER, LA MASCOTTE

MADAME BERTHIER. Daniel...

LA MASCOTTE. Voyez-vous que c'était bien lui!...

LUCY. Mon oncle, par grâce!... Qu'y a-t-il?

DANIEL. Vous!... vous ici!... Oh! oui, venez... Venez toutes!... J'ai besoin que vous soyez là, mademoiselle, pour ne pas oublier à quel point celui qui m'accable doit m'être sacré!

MADAME BERTHIER. Mon enfant!

DANIEL. Défendez-moi toutes deux!... Défendez-moi contre moi-même! Dites-lui donc à ce tout Vous ma mère, que mon père était aussi bon juge de l'honneur que lui... et que s'il était là, il comprendrait le cri de l'innocence outragée, et sa main sur mon cœur, ses yeux sur mes yeux,... il me dirait: tête haute! Je te crois mon fils, je te crois!...

LUCY, MADAME BERTHIER. Que dit-il?

DANIEL, *avec fièvre*. Mais il n'est pas là, mon père! Il n'y a devant moi qu'un accusateur, et je ne puis arracher de son cœur cette conviction cruelle!... Il veut donc qu'il n'y ait entre lui et moi rien de possible qu'un duel!

TOUS. Un duel!...

LUCY. Mon oncle!

LORD WARNEY. Je pardonne tout à sa douleur.

DANIEL. Oui, un duel! l'épée à la main je le convaincrai peut-être! Non pas cela encore? On ne se bat pas avec un voleur!... Ah! Il faudra donc que je l'y force!...

MADAME BERTHIER. Daniel, par pitié!

DANIEL. Il faudra donc que le plus sanglant outrage...

MADAME BERTHIER. Tu blasphèmes!...

DANIEL. Cet homme! Voyez-vous, ma mère, c'est mon bourreau... Il recule devant moi... C'est un...

MADAME BERTHIER. N'achève pas!...

DANIEL. Je vous dis que c'est un là...

MADAME BERTHIER, *lui mettant la main sur les lèvres*. Ah! milord!... Oh! mais, dites-lui donc que vous êtes son père!...

DANIEL, LA MASCOTTE, LUCY. Son père!

LORD WARNEY. Madame, qu'avez-vous dit?...

MADAME BERTHIER. Ah! que Dieu vous pardonne!... car votre sévérité le faisait sacrilège!... Que Dieu vous pardonne, car... vous n'avez forcée à lui révéler la faute de sa mère!... Que Dieu vous pardonne, car... vous m'avez tuée... (*Elle chancelle*.)

DANIEL. Ma mère!...

LA MASCOTTE. N'ayez pas peur, monsieur Daniel... Pauvre femme!... Oh! ce ne sera rien... Si mademoiselle le permet, dans sa chambre...

LUCY. Oui... oui... venez... Ah! pauvre mère!... pauvre mère!...

Elles l'entraînent. Lord Warney, sur le seuil du fond, regarde Daniel atterré et sort en cachant sa tête dans ses mains.

SCÈNE XI
DANIEL, *seul*.
Il reste un moment accablé

DANIEL, *d'une voix sombre*. Si mon père était là!... Il me dirait: Je te crois! Il était là, mon père... et plus fort... Oh! plus sévèrement que tout autre... il me disait: Je ne vous crois pas!... et il le savait, lui! que j'étais son fils!... Oh!

Il tombe auprès de la table et, en s'y appuyant, sa main rencontre un des pistolets que Wilder y a placés. Il le prend, l'examine et l'œil fixé sur la détente, il continue:

Est-ce qu'il ne m'a pas reproché tout à l'heure d'avoir eu le courage de vivre!... Était-ce un conseil?... était-ce un ordre?... A moins que je ne tienne près de lui... il ne croira pas que j'ai eu la force de me tuer!... Soit!... (*Il arme le pistolet*.)

SCÈNE XII
DANIEL, GAVROCHE

GAVROCHE, *un registre à la main*. Toute grande ouverte!... On m'attend!... Daniel! Lui ici!...

DANIEL. Vous serez moins cruel envers ma mémoire, mon père. (*Il lève le pistolet vers son front*.)

GAVROCHE. Dieu!

Il s'élance vers lui et lui saisit les bras, laissant son registre sur la table.

DANIEL. Claude! Laisse-moi!

GAVROCHE. Tu veux te tuer?

DANIEL. Ma vie est perdue!... Je n'ai plus la force de supporter cette honte imméritée!

GAVROCHE. Très bien! nous ferons le grand voyage ensemble!... (*Il prend le deuxième pistolet*.) Celui-ci est pour moi...

DANIEL. Claude!

GAVROCHE. Tu veux te tuer? toi!... un soldat!... c'est une lâcheté que tu vas commettre!

DANIEL. Une lâcheté!

GAVROCHE. Et il doute, quand je veille!... Il doute, quand je remue ciel et terre pour son bonheur, pour celui de la vieille grand-mère!... (*Lui arrachant le pistolet*.) Il veut se tuer quand je le sauve!...

DANIEL. Me sauver!...

GAVROCHE. Quand je te le dis, sacrebleu! Les coupables, nous les tenons!...

DANIEL. Les coupables?

GAVROCHE. Celui que j'ai sous la main! Il se défend. Il nie. Ah! il ne niera plus quand nous lui montrerons son nom sur le livre de vente de la maison Launay.

Ouvrant le livre sur la table placée devant la croisée.

Tiens, vois!... Là... là! Lis, frère!... lis donc!...

DANIEL. Sir Georges Wilder!

GAVROCHE. Oui, sir Georges Wilder! Oh! c'est bien son nom. Va!...

MARCEL, *à part*. Qu'est-ce qui a inventé la tenue des livres?

GAVROCHE. Et tu désespérais... et tu doutais de Gavroche!...

DANIEL. Ah! c'est vrai! c'est vrai!... Quand je m'abandonnais lâchement au désespoir, tu veillais, toi! Ah! pardonne-moi, Claude, pardonne-moi!

Il tombe dans les bras de Gavroche.

GAVROCHE. Oh! tu vivras, frère!... Tu pleures... n'en aie pas de honte!... Ce n'est pas notre faute si Dieu a mis les larmes dans la joie comme dans la douleur... Est-ce que je ne pleure pas aussi, moi?... Il n'y a que les Georges Wilder qui ne pleurent jamais!

Pendant ces dernières phrases, on voit Marcel sortir de derrière le rideau, avancer le bras, déchirer la feuille du registre, puis disparaître.

DANIEL. Cher Claude!

GAVROCHE. Ah! ça fait mal et ça fait bien en même temps... ça oppresse et ça soulage! Allons, frérot, essuyons nos yeux; si on venait, qu'on ne puisse pas dire qu'on a vu pleurer deux soldats... deux soldats!

SCÈNE XIII
GAVROCHE, DANIEL, WILDER, puis MADAME BERTHIER, LUCY, LA MASCOTTE, LORD WARNEY.

WILDER, *entrant*. Ce Marcel... Introuvable!... (*Voyant Gavroche*.) Lui! de retour!... Tout est donc perdu!...

MADAME BERTHIER, *entrant de gauche avec Lucy et Denise*. Merci de vos soins, chère demoiselle.

GAVROCHE. La grand'mère?

MADAME BERTHIER. J'ai hâte d'être sortie d'ici.

LUCY. Je vous supplie!...

MADAME BERTHIER. Ah! tu es là, Daniel, viens, cher enfant... partons...

GAVROCHE. Oh! non, s'il vous plaît, grand'mère... pas encore!...

MADAME BERTHIER. Claude!...

GAVROCHE. Je ne suis pas venu pour partir comme ça... et j'attends lord Warney.

LORD WARNEY, *paraissant*. Lord Warney vous écoute... Parlez...

WILDER, *à part*. Que me faut-il craindre?

GAVROCHE. Je vous l'avais promis, mon capitaine. Ah! dame, quand vous êtes arrivé tout à l'heure... j'étais si troublé que vous n'avez guère pu comprendre ce que je voulais dire. Mais, maintenant, c'est autre chose, je puis parler et j'accuse.

LORD WARNEY. Qui donc?

GAVROCHE. Qui?... Sir Georges Wilder, votre neveu.

TOUS. Sir Georges...

LORD WARNEY. Vous l'accusez de ce vol?

GAVROCHE. Eh bien, oui, du vol: sa main y touche.

MADAME BERTHIER. Claude!...

GAVROCHE. Laissez, laissez, grand'mère! Je sais ce que je dis, allez...

LORD WARNEY. Georges... vous avez prémédité l'attaque... On vous calomnie, sans doute! Répondez.

GAVROCHE. Calomnier?... Allons donc! Répondez? Est-ce qu'il le peut?... (*Tirant la montre et le cachet de sa poche*.) Il faut, pour prouver, apparaissent, comment ce cachet, qui était à lui, a perdu le chambre de mon frère. Voici bijou. Il méconnaît? Preuve qu'il ne pour lui danger à le reconnaître. Si ce que l'on sait, on ne pense pas à tout. mentir des paroles, c'est facile; mais l'écriture ! ça reste et ça ne se dément pas !... Tenez, milord. (Lui présentant le registre.) Lisez vous-même... vous verrez, écrit sur cette feuille, le nom de votre digne neveu...

Lord Warney prend le registre et descend à droite.

WILDER, à part. A quoi l'audace me servirait-elle ?

GAVROCHE. Eh bien, milord ?

LORD WARNEY. Eh bien, je ne vois rien.

TOUS. Rien ?

GAVROCHE. Rien ?... Tenez, milord, ce doit être là...

LORD WARNEY. Je vous dis que le nom de sir Georges Wilder n'est pas sur cette feuille...

GAVROCHE. Comment, il n'y est pas ?... Milord, permettez... (Il prend le registre.) Alors, c'est... Mais non... c'était ici... c'était bien ici... vingt-six, vingt-neuf. Ah ! la feuille a été déchirée !... (A Wilder.) Par qui donc ?...

WILDER. Est-ce que j'étais là ?...

GAVROCHE. Oh ! c'est à devenir fou !... Comment, à l'instant... Daniel... je t'ai fait lire... et maintenant...

WILDER. Vous vous étonniez sans doute de mon silence, mon oncle... à présent, tout vous est expliqué. Cette audacieuse folie devait être confondue... J'attendais.

LA MASCOTTE. Il y a de la sorcellerie là-dessous...

GAVROCHE. De la sorcellerie !... allons donc ! Les marins ne croient qu'à celles qu'ils font pour eux-mêmes. Ce livre était là, là, sur cette table... (Poussant un cri.) Ah ! (Il court à la fenêtre et tire les rideaux.) Cette fenêtre ouverte !...

WILDER, à part. Il a eu la même idée que moi.

GAVROCHE, allant à Wilder. Vous triomphez, sir Georges !... C'est un homme habile, que votre complice le voleur de Kelung !, l'ami à qui vous avez donné votre montre !... Courir après ? Inutile... C'est loin, n'est-ce pas ?... Mais, prenez garde, ne tentez point de le rejoindre. Vous faites la nuit autour de votre bonheur... Fol de Gavroche, j'y porterai la lumière !... et nous ne sommes pas de ceux qui peuvent le craindre ! Ah ! capitaine, vous ne supposez pas, j'aime à le croire, que je suis venu ici pour me laisser battre ou pour me jouer de vous ?... Non, n'est-ce pas ?... Je suis sûr de mon fait que... tenez, nous sommes au vingt-trois décembre, c'est demain Noël, une des plus grandes fêtes de votre Angleterre... nous avons nos traditions en France, aussi, nous autres... et je ne les ai point oubliées... Milord, si demain, à minuit, je n'ai pas traîné à vos pieds le complice de votre neveu, c'est que je serai mort. Monsieur le baronnet... ici même, dans cet hôtel, à minuit, comme les enfants de mon pays... je placerai mon soulier dans la cheminée, et ce que Noël y mettra, je vous le promets, vous en aurez votre part... Venez, grand'mère. A demain, monsieur le baronnet... comptez-y.

SIXIÈME TABLEAU

La rue de la Lune

Le boulevard, la veille de Noël. — Vue prise de la porte Saint-Denis. — A gauche, le terre-plein qui suit le boulevard, avec sa balustrade, et donne accès aux rues de Beauregard et Cléry. — La rue de Cléry praticable. Au premier plan, le coin de la rue Saint-Denis. Aux quatrième et cinquième plans baraques de jeux de Pas. — A gauche du premier plan, un grand café en retour. Aux troisième, quatrième et cinquième plans baraques diverses. Au fond, la perspective du boulevard avec les baraques éclairées. — Un crochet de commissionnaire et une boîte de décrotter, près d'une maison formant enseigne.

SCÈNE PREMIÈRE

PANOTET, 1er MARCHAND, 2e MARCHAND, 3e MARCHAND, UNE MARCHANDE, 4e MARCHAND, MARCHANDS, MARCHANDES, PASSANTS, HOMMES, FEMMES, ENFANTS, puis SIR GEORGE, GAVROCHE, MISS KATT.

Au lever du rideau, tableau fort animé. Panotet est près de sa boîte à décrotter. — On voit sir George descendre du terre-plein, suivi par Gavroche.

LA MARCHANDE. La Valence et le Portugal ! pas cher !...

PREMIER MARCHAND. La joie des enfants, la tranquillité des parents... Les pompiers à musique... trente-cinq centimes.

DEUXIÈME MARCHAND. A vingt-cinq sous les horizontales... Ça chante en appuyant dessus...

TROISIÈME MARCHAND. La question du Tonkin... indéchiffrable... Soixante millions pour quinze centimes.

QUATRIÈME MARCHAND. Voyez les bretelles, six fils, tout en gomme !... montées sur six élastiques... les pattes sont en veau !

PANOTET, pendant que sir Georges passe la figure enveloppée dans un cache-nez, traverse le théâtre. Cirez vos bottes, mon sénateur !... (Wilder passe et entre au café de droite.) J'ai fait un impair. J'offre du cirage et je vernis anglais...

GAVROCHE, paraissant entre les boutiques du 4e et du 5e plans d. gauche. J'ai bien fait de surveiller la porte du jardin de la rue Monceau, pendant que Daniel gardait l'entrée principale de l'hôtel de lord Warney — Ah ! Poif de brique ! tu ne m'échapperas pas !...

KATT, paraissant à droite chargée de joujoux de toute sorte. Aoh ! Je bétais chargée comme une mioulette !... Je faisais les emplettes de moâ, pour mettre dans le sabot de Noël des petites gamines... de la domesticité de l'hôtel... Oh ! yes !

DEUXIÈME MARCHAND, s'approchant d'elle. Ça chante en appuyant dessus ! Demandez à vingt-cinq sous l'horizontale.

KATT. Horizontale ! Shoking !...

QUATRIÈME MARCHAND. Voyez les bretelles, six fils... tout en gomme... montées sur élastiques... les pattes sont en veau !

KATT. En veau ! en veau !... Aoh !... Je portais pas d'inexpressibles... (Elle disparaît dans le fond.)

SCÈNE II

PANOTET, GAVROCHE, caché derrière les baraques, MARCHANDS, PROMENEURS, UN GARÇON DE CAFÉ.

LE GARÇON, sortant du café, une enveloppe à la main. Cinq francs pour aller à cette adresse... (Désignant Panotet.) En donnant vingt sous au commissionnaire... Je mets quatre francs dans ma poche !... Faut savoir profiter des circonstances...

GAVROCHE, à part, voyant le garçon. Ça sort du café, ça !... Qu'est-ce que c'est ? (Il écoute.)

LE GARÇON, à Panotet. Dis donc, petit, as-tu le temps ?...

PANOTET. D'aller où ?

LE GARÇON. Rue du Petit-Carreau...

PANOTET. Porter cette lettre ?...

LE GARÇON. C'est pas une lettre. C'est l'adresse de la personne que tu vas aller trouver et à laquelle tu diras qu'on l'attend chez nous... en face... Voilà les vingt sous que l'Anglais m'a donnés.

GAVROCHE, à part. L'Anglais !...

PANOTET. C'est bon... On va y aller...

LE GARÇON. Et fais vite !... (Il rentre au café.)

GAVROCHE, à part. Ah ! c'est un Anglais !...

PANOTET, lisant l'adresse. Marcel Gervais.

GAVROCHE. C'est l'homme à la montre !...

PANOTET. Rue du Petit-Carreau, 12... (Il sort par la droite.)

GAVROCHE. Il a déménagé !... Ah ! on l'attend !... Je l'attends aussi, moi... et je crois que je ne perdrai pas mon temps... (Cris des marchands.)

SCÈNE III

GAVROCHE, LA MASCOTTE, MARCHANDS. (La Mascotte paraît sur le terre-plein.)

GAVROCHE, apercevant Denise et allant à elle. Denise !

LA MASCOTTE. Hein ?... toi ici ?...

GAVROCHE. Oui, moi... Tu viens de la demeure de Marcel Gervais ?

LA MASCOTTE. Rue du Grand-Hurleur !... Mais le Gervais est déniché de son taudis. — Comme tu me l'avais o donné, j'entre dans son Louvre, hôtel de la Modestie, à cinq sous la nuit... et je demande : M. Marcel Gervais ?... Alors on me reçoit... Ah ! mais, on me reçoit... je ne te dis que ça ! comme une gonsse d'ail... dans une bavaroise. Le Marcel avait quitté l'hôtel en enlevant une pendule !...

GAVROCHE. Il aime les objets à ressort...

LA MASCOTTE. Et il a dû quitter Paris.

GAVROCHE. Vraiment... et tu t'es demandé sur quel chemin de fer on devait le poursuivre ?...

LA MASCOTTE. Danie !...

GAVROCHE. Il a tout simplement déménagé, ma fille... et le nouveau gîte est éventé...

LA MASCOTTE. Le gîte de Marcel ?... Tu connais ?...

GAVROCHE. Je le connais.

Daniel paraît à droite et les aperçoit.

DANIEL. C'est Claude et Denise. Ah !...

GAVROCHE. Je le connais, et ça me procurera le plaisir de tomber à l'heure dite, comme un éclat d'obus dans le salon de lord Warney, pour faire sauter la machine infernale de sir Carotte au milieu de la fête de Noël.

SCÈNE IV

LES MÊMES, DANIEL.

DANIEL, s'avançant. Au milieu de cette fête ?

LA MASCOTTE, GAVROCHE. Daniel !...

DANIEL. Oseras-tu nous y conduire, à cette fête ?

GAVROCHE. Pourquoi donc pas ?...

DANIEL. Preuves en main, alors ?

GAVROCHE. Preuves en main !...

DANIEL. Il les faut... Il les faut toutes... non seulement pour Lucy qui n'ose se défendre, pour mon père qui m'accuse, mais, pour eux, pour eux tous !...

GAVROCHE, LA MASCOTTE. Qui donc ?...

DANIEL. Ceux que je viens de voir entrer dans cet hôtel où tu m'avais ordonné de surveiller. J'ai eu peur d'être vu par eux... J'ai senti la rougeur me monter au visage... et j'ai fui...

GAVROCHE. Fui ! Mais devant qui donc ?

DANIEL. Devant les témoins de ma honte, devant les officiers de notre régiment qui entraient à l'hôtel de lord Warney.

GAVROCHE. Les témoins de ta honte ? Tant mieux. Ils seront les témoins de la réparation... Va reprendre ton uniforme, Daniel, afin que nous voyant arriver tous les deux, ils puissent dire : Il a le droit de le porter.

DANIEL. Claude, pour que tu tiennes ce langage... il faut que tu aies quelque indice ?... Il faut que tu sois sur la trace ?

GAVROCHE. Je l'ai, la trace !... Wilder est là, et Marcel Gervais va venir l'y trouver...

DANIEL. Wilder est là !...

Il va s'élancer vers le café. Claude le retient.

GAVROCHE. Oh! reste ici ! Tu as juré de me laisser faire !... Oui, je sais bien, tu te sentirais mieux l'épée à la main en face de lui; mais j'ai ton serment; j'y tiens, je le garde !...

DANIEL. Oh ! Claude ! Claude !...

GAVROCHE. C'est dur, mais c'est comme ça !... Oh ! n'aie pas peur : si j'échoue, je te rendrai ta parole, et alors on en découdra... Mais échouer !... j'aimerais mieux avaler le Panthéon... Wilder est là, vous dis-je... et Marcel Gervais va venir l'y rejoindre !... Vous, prenez vite le chemin de Belleville, allez chercher la grand'mère, et conduisez-la chez miss Lucy, à l'hôtel de lord Warney. Il faut qu'elle danse aussi à la fête qu'il donne!... A minuit. J'ai promis, et sois sans crainte, de peur que les pendules ne retardent, je prendrai l'avance. Allez... allez... A minuit !... C'est l'heure où les sabots se remplissent, et je serai là, bien tranquille, pour voir ce que Noël aura mis dans le mien... Allez, allez !...

La Mascotte et Daniel sortent.

DANIEL, en sortant. Oh ! je le retrouverai toujours...

GAVROCHE. J'ai deux heures devant moi !... Je pense que je vais bien tous les employer !...

Il se dissimule derrière les baraques. — Cris des marchands.

SCÈNE V

GAVROCHE, MISS KATT, MARCHANDS, puis MARCEL, PANOTET.

KATT, paraissant chargée de plus en plus. Je hêtais chargée davantage, et je havais pas fini... je havais acheté l'amusement des enfants et la tranquillité des parents. Ce hêtais very well.

Elle souffle dans un cornet à bouquin.

2e MARCHAND. Demandez, ça chante en appuyant dessus... Demandez à vingt-cinq sous l'horizontale.

1er MARCHAND. Voyez les bretelles six fils, tout en gomme, montées sur élastiques, les pattes sont en veau !...

KATT, s'équivant. Aoh!... encore les horizontales... et les pattes en veau !...

Elle disparaît. — Panotet paraît sur le terre-plein avec Marcel et se conduit devant le café.

PANOTET. C'est là...

MARCEL, retournant vers sa boîte. Voyant Gavroche. Tiens Gav...

GAVROCHE. Chut !...

PANOTET. Hein ?... C'est bon... on est muselé...

MARCEL. Celui qui m'attend là, c'est sir Georges. J'en réponds... Il a reçu ma nouvelle adresse et me donne signe de vie... Je commençais à être inquiet...

GAVROCHE, à part. Est-ce qu'il va rester là ?

MARCEL. Voyons, avant de monter vers lui, ayons garde à carreau, Sir Georges croit la feuille du livre de vente en mon pouvoir, pensant la retrouver sur moi. Il est bien capable d'avoir arrangé là-haut une petite souricière à mon adresse... Il aura la feuille,... mais donnant, donnant. S'il m'a attiré dans un piège ?... à coquin, coquin et demi... Ma revanche est prête. (Il va vers Panotet.)

GAVROCHE. Pourquoi ne le rejoint-il pas ? Me serais-je trompé ?

MARCEL, à Panotet. Veux-tu gagner quarante francs ?

PANOTET. Quarante francs... Oui, qu'est-ce qu'il faut faire ?

MARCEL. Me prêter ta boîte ?

GAVROCHE à part. Hein ?

PANOTET. Vous avez la bosse du cirage ?

MARCEL. Je veux y serrer quelque chose...

GAVROCHE à part. Hein ?

PANOTET. Pourvu que ça ne soit pas le Trocadéro... ça m'est égal.

MARCEL. Attends !... (Il tire un calepin de sa poche et s'approche d'une lanterne. Cris des marchands.) Voyons si je n'ai rien oublié. (Il tire une feuille de papier de son calepin.)

GAVROCHE, à part. Que fait-il ? Une lettre...

MARCEL, lisant. « La feuille déchirée est dans le coffret de bronze placé sur la table de sir George Wilder. »

GAVROCHE, à part. Sir Georges. Je n'ai entendu que cela.

MARCEL. « En voici la clé. — Si le nom du possesseur de la montre ne suffit pas pour faire connaître au capitaine le véritable auteur du vol. »

GAVROCHE. Je n'entends rien !

MARCEL. « Milord pourra demander à son neveu comment est mort son intendant Maxwell. » C'est clair et suffisant. — Avec cela je puis attendre le roquet de pied ferme. (Il met le papier dans son portefeuille.) — Ah ! la clef du coffret... (Il la met dans le portefeuille.)

GAVROCHE. Que va-t-il faire ?

MARCEL à Panotet. Ouvre ta boîte.

PANOTET. Voilà !... (Marcel y laisse tomber le portefeuille.)

GAVROCHE. Ah !

MARCEL. Referme ! C'est fait.

GAVROCHE. Est-ce la feuille ?

MARCEL. Le numéro de la médaille ?

PANOTET. 820.

MARCEL. Bon. — Voici vingt francs.

PANOTET. Vous en avez promis quarante.

MARCEL. Les vingt autres seront à toi quand je t'aurai redemandé mon portefeuille... Si je ne te le redemandais pas...

PANOTET. Qu'est-ce qu'il faudrait faire ?...

MARCEL. Tu irais le porter à lord Warney.

PANOTET, à part. Lord Warney.

MARCEL. 81, rue de Monceau. Et je te prie de croire qu'il ne te marchandera pas pour te payer la commission. (Il s'éloigne, se dirigeant vers le café.)

GAVROCHE. Plus de doute. Je tiens mon voleur. (Il fait un signe à Panotet ébahi.)

SCÈNE VI

LES MÊMES, SIR GEORGES WILDER

Wilder sort du café au moment où Marcel va y entrer.

MARCEL. Vous. Votre Honneur ?

WILDER. Ah !

MARCEL. Vous étiez impatient; vous partiez ?

WILDER. Non, mais le cabinet où j'étais a des voisins qui pourraient tout entendre, j'ai préféré le boulevard.

MARCEL. Soit... le boulevard... La foule est grande... et plus il y a d'oreilles, moins on entend.

WILDER. Il y en a chez mon oncle un coup de théâtre dont sans doute tu es l'auteur.

MARCEL. Je n'ai pas de raison pour garder l'anonyme.

GAVROCHE. Que se disent-ils ?...

WILDER. Combien veux-tu de la feuille que tu as déchirée ?

MARCEL. Combien ?

WILDER. Fais vite !... Ne sais-tu pas qu'une heure a été fixée, où je dois être perdu ou sauvé ?

MARCEL. Je l'ignorais. Mais cette feuille, je ne l'ai pas sur moi...

WILDER. Tu mens !...

MARCEL. Je n'ai pas le temps de prendre la mouche...

WILDER. Allons, cela veut dire que ça me coûtera cher... combien veux-tu ?

MARCEL. Combien épuisez-vous ?...

WILDER. Drôle !

MARCEL. Vous trouvez ça drôle ?... Non, c'est logique. Ça peut bien monter à un million; au denier vingt : total cinquante mille francs.

WILDER. Ah çà, maître Gervais, je trouve la dose un peu trop forte d'impudence !...

MARCEL. En quoi donc, s'il vous plaît, monsieur Wilder ?...

WILDER. Un seul cri de moi, et cette foule qui ne s'occupe pas de nous, s'émeut et nous entoure... Je t'accuse, on te fouille... On trouve sur toi la feuille déchirée...

MARCEL. Fouillez, et ne parlez pas si haut, ça pourrait vous compromettre. Fouillez. Derrière mon rideau, j'ai songé à bien des choses... Je pouvais être pris à ma sortie. Après avoir sauté par une fenêtre, j'ai mis le précieux papier en lieu de sûreté... Fouillez-moi, sir Georges, si ça vous fait plaisir; mais dépêchons-nous... Il fait froid, j'ai congé, et on finirait par nous remarquer. Payez la petite récompense honnête, s'il vous plaît.

WILDER. Eh bien, chez moi.

MARCEL. Chez vous... Est-ce bien prudent ? Il y a ce soir réception à l'hôtel.

WILDER. Raison de plus, mes domestiques seront occupés... mon cabinet de travail donne de plain pied sur les jardins, sir Georges.

MARCEL. C'est compris, je n'ai rien à craindre de vous... et ce n'est que dans votre cabinet de travail je puis vous rendre la feuille.

WILDER. Chez moi ! Elle est chez moi !

MARCEL. Rentrez à votre hôtel, Votre Honneur, et je vous suis. Vous ne tenez pas sans doute à ce que nous fassions route ensemble ?...

WILDER. Par la petite porte du jardin donnant sur le parc ; en voici la clé !...

Il lui donne une clé.

MARCEL. J'y serai cinq minutes après vous !...

WILDER. Dans cinq minutes !... Enfin !...

Il sort. Cris des marchands.

GAVROCHE. Il ne lui a rien donné, la feuille est là !...

Il indique la boîte de Panotet.

SCÈNE VIIe

PANOTET, MARCEL, GAVROCHE, MARCHANDS, MARCHANDES, puis MISS KATT, PROMENEURS.

MARCEL. Allons, il était dit que lord Warney ne connaîtrait jamais mon écriture !... (Allant à Panotet.) Rends-moi le portefeuille.

GAVROCHE posant le pied sur la boîte. Pardon... C'est à mon tour !...

PANOTET. Gavroche !...

MARCEL, avec épouvante. Lui !...

GAVROCHE, le saisissant au collet. Par ici, on ne s'en va pas comme ça, et ne bouge pas, ou j'abote.

Il lui montre un pistolet.

MARCEL. Perdu !

GAVROCHE, à Panotet. A moi le portefeuille.

PANOTET. Voilà !...

GAVROCHE. Le papier qu'il renferme. Donne, donne... Ne bouge pas, toi que je te dis.

PANOTET. Tiens.

GAVROCHE. Ce n'est pas cela...

PANOTET. Rien autre chose qu'une clé...

GAVROCHE. Ce n'est pas la feuille du livre ! (après avoir lu.) Ah ! je sais où la trouver maintenant.

Il prend le portefeuille et le serre dans sa poche.

MARCEL, tirant son couteau de sa poche, et à part. Tu ne la tiens pas encore !...

GAVROCHE à Marcel. Allons, misérable... viens toucher ton argent, chez Georges Wilder.

Il entraîne Marcel sur la rampe et ils se dirigent vers la rue de Cléry. Cris des marchands.

KATT, entrant courbée sous les fagots. Aoh ! cette fois, je l'avais trop ! fait mon charge...

On aperçoit encore Marcel et Gavroche au coin de la rue de Cléry. On voit Marcel lever son couteau sur Gavroche qui pousse un cri, Marcel s'enfuit.

GAVROCHE. Ah ! A moi ! au voleur !

PANOTET. C'est la voix de Gavroche ! Mon Dieu ! mon Dieu !...

Il s'élance rue de Cléry.

KATT. Aoh ! on avait touyé quelqu'un !

Cris et marchands. Rideau.

SEPTIÈME TABLEAU
Le voleur de Kelung

A l'hôtel de lord Warney. Le cabinet de travail de sir Georges Wilder, ouvrant au fond par une porte à deux vantaux sur des salons éclairés. Tenture en cuir de Cordoue. Porte latérale, fenêtre à gauche, cheminée à droite. Bibliothèque au fond à droite ou commode chargée de bronzes et de faïences et d'objets d'art. Table au milieu sur laquelle est posée un coffre de bronze à garniture d'argent se perdant au milieu des bronzes qui l'environnent. Bureau à gauche, près de la fenêtre. Table à droite en face de la cheminée. Table de jeu volante, chaises, fauteuils, tout l'ameublement en chêne sculpté. Toute la scène est brillamment éclairée par des candélabres et des lampes. — Panoplie au fond, à droite et à gauche de la porte d'entrée. Tapisseries.

SCÈNE Ire
LE COMMANDANT, LE CAPITAINE ADJUDANT-MAJOR, 1er OFFICIER DE MARINE, 2e OFFICIER DE MARINE, 1er OFFICIER D'INFANTERIE DE MARINE, 2e OFFICIER D'INFANTERIE DE MARINE, OFFICIERS ANGLAIS ET FRANÇAIS, INVITÉS, puis LORD WARNEY, puis MISS LUCY.

LE COMMANDANT, au milieu d'un groupe d'officiers à gauche. Non pardieu je ne l'ai pas oublié... et si son innocence est reconnue un jour...

LE CAPITAINE. Lord Warney nous l'a fait pressentir.

LE COMMANDANT. Que cela arrive, et Daniel Richard pourra exiger de moi toutes les réparations que bon lui semblera...

LORD WARNEY, entrant. Comment, on a envahi le cabinet de travail de mon neveu ?

PREMIER OFFICIER de marine. Vos salons sont inabordables, il y fait une chaleur !...

PREMIER OFFICIER, infanterie. Ici, l'air frais du jardin nous arrive...

LORD WARNEY. Mais le concert va commencer... et j'espère bien que vous ferez à mes chanteurs l'honneur d'interrompre votre partie ?...

DEUXIÈME OFFICIER, marine. Au premier signal, la dame de pique aura tort.

LE COMMANDANT, à lord Warney. Espérez-vous toujours, mylord ?...

LORD WARNEY. Jusqu'à minuit, commandant, l'espoir me sera permis. (A miss Lucy qui paraît au fond.) Sir Georges ?...

MISS LUCY. N'est pas encore rentré depuis qu'il a quitté l'hôtel...

LORD WARNEY, à part. Aurait-il peur ?

MISS LUCY. Il est plus heureux que nous !... Il a pu se dérober à cette fête...

LORD WARNEY. Qu'il m'était impossible de contremander... et qui d'ailleurs, si Claude Richard réussit donnera plus d'éclat à la réhabilitation de son frère.

MISS LUCY. Dieu vous entende mon oncle. Cette pauvre vieille mère qui attend l'heure fatale, au milieu des craintes et des larmes, la désillusion pour elle, ce serait la mort..

LORD WARNEY, à part. Comme pour moi. Wilder paraît au fond. Il est pâle agité. En apercevant tout ce monde, il s'arrête brusquement.

SCÈNE II
LES MÊMES, WILDER

WILDER. Tout ce monde ici.

LORD WARNEY, l'apercevant. Georges.

WILDER, allant à lui. Mylord, qu'est-ce que cela signifie ?...

LORD WARNEY. Ces messieurs ont voulu s'isoler du bruit... Est-ce que cela vous contrarie ?...

WILDER. Moi.... pourquoi ?... (A part.) Et Marcel qui va venir !...

MISS LUCY, à part. Comme il est pâle !...

LE CAPITAINE, allant à Wilder. Ah ! monsieur le baronnet !...

WILDER, salue. — A part. Ses camarades du régiment !... Qui donc les a fait venir ?...

2e OFFICIER (infanterie). Il y a à peine quelques mois que nous nous sommes vus... monsieur Wilder.

WILDER, distrait. Oui... oui.

LE CAPITAINE. Depuis cette fatale partie...

2e OFFICIER. Qui nous donne encore aujourd'hui l'avantage de nous retrouver avec vous...

WILDER. Ah ! c'est pour cela !...

LE CAPITAINE. Il s'agit de l'honneur de l'un des nôtres et nous trouvant en congé de convalescence, à Paris, nous ne pouvions manquer de répondre à l'invitation de lord Warney.

WILDER. De mon oncle... (A part.) Lui aussi !... contre moi...

Un domestique est venu parler bas à lord Warney.

LORD WARNEY. Messieurs, on m'annonce le concert...

Les joueurs se lèvent, des domestiques enlèvent les tables, les officiers sortent par le fond.

MISS LUCY, à lord Warney. Dispensez-moi, mon oncle... je vous en supplie.

LORD WARNEY. Que dira-t-on ?...

MISS LUCY. Mon absence ne sera point remarquée... Je veux rejoindre cette pauvre mère !... Chercher à oublier mes craintes et à lui rendre l'espoir.

LORD WARNEY. Va !...

MISS LUCY. Oh ! merci !... Vous êtes bon comme toujours...

Elle sort.

LORD WARNEY, Georges...

WILDER. Je suis à vous, mylord.

Lord Warney sort. Wilder feint de suivre son oncle, ferme la porte du fond, celle par où est sorti Lucy, et revient pâle et chancelant s'appuyer au dos d'un fauteuil, près de la table du milieu.

SCÈNE III
WILDER, seul.

WILDER. Ah ! enfin !, j'avais peur qu'il n'arrivât au milieu de tout ce monde !... (Regardant la pendule.) Il tarde !... S'il allait ne pas venir !... Oh ! il viendra... Sa cupidité m'a répondu... Mais s'il a menti... (Allant à la fenêtre.) En sautant de la fenêtre du salon, il s'est trouvé dans le jardin !... (Remontant vers la porte de gauche.) Cette porte est souvent entr'ouverte. Oui... C'est ici qu'il a caché cette feuille !... Elle est ici... Si je pouvais la trouver avant son arrivée ! En ai-je le temps ? Ils sont là... Ils peuvent revenir... et, qui sait, d'ailleurs... si je ne passerai pas vingt fois près d'elle sans qu'un battement plus précipité de mon cœur ne vienne m'avertir... (Après un silence.) S'il m'a trompé ? S'il n'a pas eu cette imprudente audace !... Ce Claude arrivera, lui, à l'heure dite... Oh ! être à de merci de ces misérables ! Voyons, du calme... (Passant son mouchoir sur son front.) Du calme... mais c'est qu'il devrait être ici... déjà ! Où peut-il l'avoir cachée !... Il cherche à droite et à gauche, fouillant dans chaque meuble, dans chaque objet. — Désignant la bibliothèque.) Là... Non, non ! Ces livres ! les feuilleter tous !... je mourrais dix fois !... Là... non... Mais où donc, mon Dieu !... (Désignant le coffret placé sur la table du milieu.) Ah ! ce coffret !... Impossible !... La clef n'y est pas !... La clef !... mais elle y était !... Précieux indice !... La feuille est là !... (On frappe discrètement à gauche.) C'est lui.

Il va ouvrir, Marcel, pâle, effaré, entre et referme la porte vivement derrière lui.

SCÈNE IV
WILDER, MARCEL

WILDER. Enfin ! C'est toi.

MARCEL, s'appuyant contre la porte. Oui...

WILDER. Qu'as-tu donc ?

MARCEL. Rien !

WILDER. Hâtons-nous.

MARCEL. N'ayez pas peur... Il ne viendra pas...

WILDER. Malheureux !...

MARCEL. Payez-moi !...

WILDER. Cette feuille ?...

MARCEL. Dans le coffret !

WILDER. Ah ! j'avais bien deviné.

MARCEL. Payez-moi !...

WILDER, *prenant une liasse de billets de banque dans le tiroir de son bureau et la donnant à Marcel.* Voici ton argent. La clé ?

MARCEL. Je ne l'ai plus... Brisez le coffret.

WILDER. Briser ce coffret ! et comment ? (*Courant prendre un stylet à une panoplie.*) Oh ! je l'aurai !... je l'aurai !...

Il revient à la table et, au moment où il va introduire la lame de son stylet entre le couvercle du coffret et la boîte, Gavroche paraît.

SCÈNE V
LES MÊMES, GAVROCHE.

GAVROCHE, *s'élançant entre eux.* Ne brisez pas la serrure, monsieur Wilder.

MARCEL, WILDER. Gavroche !...

GAVROCHE. Je vous apporte la clé.

MARCEL. Oh ! le démon !

Il sort par la gauche. Wilder saisit la clé et la met dans la poche...

GAVROCHE. Oh ! tu peux fuir, toi. Celui-ci me reste !... ce qu'il y a de fait !... Comment allons-nous depuis hier, monsieur le baronnet ?

WILDER. Mais quelle fatalité !...

GAVROCHE. Ah ! oui... la fatalité... le grand mot des coquins quand ils voient échouer leurs projets, et qu'ils retrouvent debout celui qu'ils croyaient mort !... Ils disent ça la fatalité ?... Les honnêtes gens disent la Providence !... Et ils sont dans le vrai, les honnêtes gens !...

WILDER. Que voulez-vous donc, enfin ?

GAVROCHE. Ah ! parbleu ! je la trouve épatante, votre question !... Mon frère succombe sous le poids de votre calomnie... Depuis trois jours, je suis sur votre piste à la trace, la preuve est là, sous ma main... et j'y touche, et vous me demandez ce que je veux ! Ah ! vous avez un rude aplomb, sir Carotte !

WILDER. Trahi !...

GAVROCHE. Allons, plus d'hésitations, la partie est perdue... payez !... cette feuille !...

WILDER. Je ne l'ai pas !

GAVROCHE, *montrant une feuille de papier.* Allons donc !... Est-ce que c'est pas écrit là-dessus... Il se défait de vous, votre complice et sa vengeance était préparée... Lisant ce qui est écrit sur la feuille : « La feuille déchirée est dans le coffret de bronze sur la table... Et c'est à votre oncle que s'adressaient ces lignes. — Ouvrez-moi ce coffret. »

WILDER. Et c'est sur la foi d'un bandit !

GAVROCHE. Un bandit !... Et vous ! Qu'est-ce que vous êtes donc ? Vous êtes plus lâche que le voleur, monsieur Wilder, entendez-vous... plus lâche !...

WILDER. Malheureux ! Cette feuille ! elle ment... Il a menti... Vous mentez tous !...

GAVROCHE. Dites-moi donc ça bien en face, si vous avez la force de me regarder.

WILDER, *levant son stylet sur Gavroche.* J'aurai du moins celle de frapper.

GAVROCHE, *lui présentant le canon d'un revolver devant le visage.* Jamais de la vie ! Un mouvement de plus, et foi de Gavroche, je vous fais sauter le caisson. Ah ! votre poignard ne mordra pas plus sur ma peau que n'a mordu le couteau de votre complice qui croyait si bien m'avoir tué cette nuit. Allons, misérable ! Vous voyez bien que vous êtes perdu !... Cette feuille !...

WILDER. Cette feuille !...

GAVROCHE. Donnez-la moi !

WILDER. A vous ! jamais !

SCÈNE VI
GAVROCHE, WILDER, LORD WARNEY.

LORD WARNEY, *paraissant.* Et à moi !...

GAVROCHE. Le capitaine...

WILDER. Mon oncle...

LORD WARNEY. Me la refuserez-vous aussi à moi ?

WILDER. A vous ! non ! A vous ! Je la donnerai, milord !... Oh ! je souhaitais une vengeance, vous me l'apportez. (*Il court au coffret, l'ouvre et y prend la feuille.*)

GAVROCHE, LORD WARNEY. Que veut-il dire ?

WILDER, *présentant la feuille à son oncle.* Les voici, ces preuves que vous me demandez tous les deux !... les voici ! prenez-les donc !... Je vous les livre !...

LORD WARNEY, *saisissant la feuille.* Ah !

WILDER. Oui... oui... Lisez. C'est bien mon nom qui est écrit sur cette feuille !... Cette montre était bien à moi. — Lisez ! « Sir George Wilder ! » — Criez ce nom aux juges qui m'attendent, et qu'en proclamant l'innocence de votre fils... ils attestent le crime de votre neveu !...

LORD WARNEY. Mon Dieu ! Le salut de l'un, c'est la perte de l'autre !...

GAVROCHE. C'est vrai, et je n'avais pas pensé à ça... je croyais toucher au but... et tout est perdu maintenant !...

LA MASCOTTE, PANOTET, *au dehors.*

On peut sur ça leur
Qui passe, côté, côté...

GAVROCHE, *courant à la fenêtre et l'ouvrant, la voix de Denise !... et avec elle !... (Poussant un cri de joie.) Ah ! à moi !... Denise !... à moi !...

LORD WARNEY. Qu'est-ce donc ?

GAVROCHE. Le salut de l'un, avez-vous dit, c'est la perte de l'autre ! Eh bien, non, milord... pas même cela.

WILDER, WARNEY. Comment !...

GAVROCHE. A la justice il faut un voleur, et si ce n'est pas Daniel, ce sera Wilder ! Si ce n'est pas votre fils, ce sera votre neveu... la honte à ceux qui restent !... Je ne le veux pas moi !... Vous avez accusé mon frère !... Vous mentiez. Vous vous accusez aujourd'hui parce que là est votre vengeance ! Vous mentez encore !... Vous mentez toujours ! Vous n'avez rien commandé... rien préparé !...

La porte de droite s'ouvre et Marcel paraît, tenu par la Mascotte et Panotet. Derrière eux, des domestiques et deux agents.

SCÈNE VII
LES MÊMES, MARCEL, LA MASCOTTE, PANOTET, DOMESTIQUES, AGENTS DE POLICE.

WILDER. Marcel !

LA MASCOTTE. Sous bonne garde !...

PANOTET. J'en réponds.

GAVROCHE. C'est lui qui vous a volé votre montre, comme il a volé la caisse de l'infanterie de marine, comme il le faisait hier à la page du livre de vente... comme tout à l'heure il vient de vous voler ici de l'argent !...

MARCEL. Moi !

GAVROCHE. Fouillez-le...

LA MASCOTTE, *prenant les billets dans la poche de Marcel.* Les voici.

MARCEL. Mais c'est monsieur Wilder...

GAVROCHE. Ah ! tu vas peut-être dire qu'il te les a donnés, misérable !... Tenez, à Wilder, reprenez votre argent...

MARCEL. Mais, monsieur le baronnet... dites-leur donc.

GAVROCHE, *bas à Marcel.* Veux-tu que j'apprenne à lord Warney comment est mort Maxwell ?

MARCEL. Oh !

GAVROCHE. La place de la Roquette ou Nouméa... Choisis. (*A sir George.*) L'honneur de milord est le vôtre... Je le sauver.

WILDER, *à part.* Tu ne me sauveras pas de la mort.

GAVROCHE, *ouvrant la porte de droite.* Venez, grand-mère... venez, Daniel. (*Ouvrant les portes du fond.*) Entrez, mes officiers, messieurs... Je l'ai promis à lord Warney... Je l'ai promis à vous tous... A minuit je devais vous livrer le voleur de Kellung. (*Désignant Marcel.*) Le voici !

MARCEL. Eh bien, oui, c'est moi.

Madame Berthier, miss Lucy, Daniel et Katt sont entrés de gauche.

KATT. Aoh ! bétaille !...

SCÈNE VIII
TOUS LES PERSONNAGES

MADAME BERTHIER, *à Gavroche.* Cher enfant !

DANIEL. Mon sauveur !...

MISS LUCY. Mon frère !...

GAVROCHE. Votre frère... Ah ! miss, v'la un mot qui me paie tout le mal que je me suis donné... Tu es parti lieutenant, Daniel, tu retourneras au régiment capitaine. Et marié, n'est-ce pas, milord ?

LORD WARNEY. Mon brave Claude !...

WILDER, *d'une voix sourde.* Témoin leur triomphe !...

GAVROCHE. Eh bien, grand-mère, êtes-vous contente ?

MADAME BERTHIER. Tu es un brave enfant, et ton père là-haut doit te bénir.

GAVROCHE. C'était un homme de parole, j'ai fait comme lui... (*Minuit sonne.*) Minuit... Le bonheur de la vieille grand-mère, l'honneur de Daniel, son grade, son mariage.

LA MASCOTTE. Et le nôtre ?

GAVROCHE. Et le nôtre, parbleu ! Ah ! mince alors ! le sabot de Noël est plein ! Gavroche a fait son devoir.

FIN

CHEZ LE MÊME ÉDITEUR :

Mademoiselle D'Artagnan, de M. FRANTZ BEAUVALLET, drame en 5 actes et 11 tableaux
(Format populaire, 0,50 centimes.)

Paris, imprimerie LECOTTE ET CADOUX, 21, rue Croix-des-Petits-Champs.

www.ingramcontent.com/pod-product-compliance
Lightning Source LLC
Chambersburg PA
CBHW070537050426
42451CB00013B/3053